# 管理会计与低碳发展

李扣庆 王兴山 付建华 韩向东 陈婷 编著

立信会计出版社
LIXIN ACCOUNTING PUBLISHING HOUSE

**图书在版编目(CIP)数据**

管理会计与低碳发展 / 李扣庆等编著. —上海：立信会计出版社，2022.5
　　ISBN 978-7-5429-7077-0

Ⅰ.①管… Ⅱ.①李… Ⅲ.①企业管理－节能－研究－中国 ②企业管理－管理会计－研究－中国　Ⅳ.①F279.23

中国版本图书馆CIP数据核字(2022)第079299号

| | |
|---|---|
| 策划编辑 | 张巧玲 |
| 责任编辑 | 张巧玲 |
| 助理编辑 | 汪玉玲 |

### 管理会计与低碳发展
GUANLI KUAIJI YU DITAN FAZHAN

| | | | | |
|---|---|---|---|---|
| 出版发行 | 立信会计出版社 | | | |
| 地　　址 | 上海市中山西路2230号 | 邮政编码 | 200235 | |
| 电　　话 | (021)64411389 | 传　　真 | (021)64411325 | |
| 网　　址 | www.lixinaph.com | 电子邮箱 | lixinaph2019@126.com | |
| 网上书店 | http://lixin.jd.com | | http://lxkjcbs.tmall.com | |
| 经　　销 | 各地新华书店 | | | |
| 印　　刷 | 江阴金马印刷有限公司 | | | |
| 开　　本 | 710毫米×1000毫米　1/16 | | | |
| 印　　张 | 12 | 插　　页 | 1 | |
| 字　　数 | 120千字 | | | |
| 版　　次 | 2022年5月第1版 | | | |
| 印　　次 | 2022年5月第1次 | | | |
| 书　　号 | ISBN 978-7-5429-7077-0/F | | | |
| 定　　价 | 58.00元 | | | |

如有印订差错，请与本社联系调换

# 本书编委会

**主　任**　　李扣庆

**副主任**　　王兴山　付建华　韩向东　陈　婷

**编　委**　　Alan Parkinson　方国斌　葛　巍　刘凤委
　　　　　　罗东原　毛鞍宁　宋　航　宋献中　王　娟
　　　　　　王立彦　张少峰　张为国　朱庆锋　朱　轩

**编辑组成员**

　　　　　　宋　航　吕明晗　胡　玥　傅秋莲　吕晓雷

# 管理会计助力低碳发展

关注社会发展热点，回应社会共同关切，研究事关国计民生的重大社会问题，推动会计行业的发展，进而通过会计行业的发展推动整个社会的发展，一直是上海国家会计学院和管理会计年度论坛众多的合作伙伴所秉持的共同的理念。正是因为有这样的共同理念和追求，2013年在财政部吹响推进中国管理会计发展的号角后，我们举办了上海国家会计学院的第一届管理会计年度论坛，屈指数来，九年的时光已经过去了，我们的年度论坛也举办到了第九届。

九年来，我们围绕着社会发展中的很多重要问题，例如，管理会计全球经验与中国实践、管理会计与中国制造2025、管理会计融合与创新、大数据与管理会计、管理会计报告、管理会计应对不确定性等，在合作伙伴的大力支持下，邀请各界专家成功地组织了一系列深刻的研讨，对于引领和推动管理会计理论和实践的发展起到了积极的作用。

放眼当下，我们非常关注新冠肺炎疫情信息，与此同时，气候变化和可持续发展也是我们共同关注的重要问题之一。近年来，大家都强烈地感受到，气候变化问题给我们带来了巨大的困扰，使生产生活蒙受了惨重的损失。我们难以想象，沙漠地带出现了洪水，寒冷的北极受到了热浪的袭击，郑州瞬间暴雨成灾，澳洲大火经久不息，青海湖水面急剧上升，等等。这些问题需要全社会共同应对，社会各界也确实在积极行动。2020年9月22日，习近平在第七十五届联合国大会上公开宣布，中国将提高国家自主贡献的力度，采取更加有力的政策和措施，二氧化碳的排放力争2030年达到峰值，努力争取2060年前实现碳中和，这就是今天大家耳熟能详的"双碳"目标。

从中央到地方，从政府到企业都在为实现"双碳"目标而采取积极行动。2021年9月22日和10月24日，国务院分别发布了《关于完整准确全面贯彻新发展理念做好碳达峰碳中和工作的意见》和《2030年前碳达峰行动方案》，10月27日，中共中央国务院又印发了《中国应对气候变化的政策与行动》白皮书。气候变化和碳排放问题是国际社会关注的热点，2021年G20的会议和在格拉斯哥举行的联合国气候变化大会都引起了广泛的关注。

气候变化问题，毫无疑问是一个会对全人类，包括我们的子孙后代带来深刻影响的问题；减少碳排放、建设绿色家园，是全人类的共同责任，当然，这也是会计人、会计界的责任。一方面，面对保护地球家园的责任，我们要加速减排进程，尽快实现碳达峰和碳中和，管理会计必须要更有作为。应通过管理会计的更大作为帮助企业去应对严格的环境监管条件带来的对其既有竞争优势的冲击，帮助企业进一步提高成本效率。另一方面，会计界必须对低碳发展的相关问题作出积极回应，比如污染带来的成本和减排带来的收益的确认、计量和披露问题。碳排放交易体系的构建为这项工作的开展提供了重要条件。无法衡量的东西是无法管理的，要想管理控制减少碳排放，就必须要改进管理会计工具、用好管理会计工具。考虑到低碳乃至零碳发展的极端重要性，未来的成本管理、绩效管理，乃至未来的平衡计分卡的运用等，如果缺少了和碳相关的内容，那么这些工具的运用都可能是不完整的，也都将是不成功的。所以在推进节能减排、低碳发展，加快推进"双碳"目标实现的进程中，管理会计必将发挥非常重要的作用。我国社会要有效推进低碳发展，必须要深入研究，积极行动，还必须要相互学习，善于借鉴。今天的论坛旨在搭建一个多方交流的平台，来促进整个社会，特别是会计学界更多地去关注低碳发展这个问题，来深化大家对如何运用会计手段推进低碳发展的认识，来相互借鉴不同的企业、不同的领域在推动低碳发展方面的经验，进而实现中国社会乃至全球更好的可持续的发展。

在这本书中，有来自中国石化、中国节能环保集团、宝钢等企业界的专家们分享他们推进低碳发展的实践。也有来自北京大学、暨南大学、上海财经大学、伦敦大学学院以及上海国家会计学院等学术机构的多位专家分享他们的学术洞见。还有来自国泰君安、大地财保、大华银行等金融机构专家们的分享，在推进低碳发展的过程中，没有金融的加持，这个过程将会是极端漫长的。来自安永的毛鞍宁先生将会从中介机构的视角与我们作精彩分享。为准备这个论坛，我特别读了安永 2020 年年底出版的小册子，我很惊讶地发现，安永自豪地宣布他们去年实现碳中和了，这给了我一个很大的触动。我特别找学院党办主任和团委书记谈了一次心，上海国家会计学院的校园运转在推动低碳发展方面，绝对不能处于可有可无的状态，相关的低碳行动也在积极地筹划和推进之中。和大家进行分享的还有我国会计信息化领域多个知名企业的专家，包括浪潮、元年、用友、远光等。今天的活动也得到了多个国际会计协会的支持，包括 ACCA、AICPA&CIMA、CPA Australia、ICAEW、IMA 等。围绕"管理会计助力低碳发展"主题，这样一场涵盖理论与实践，多视角、多维度的盛宴，一定能给大家带来深刻的启迪。

上海国家会计学院

李扣庆

2021 年 11 月 18 日

Contents
目录

## 第一篇 低碳发展：管理的绿色使命

一 低碳发展与管理的绿色使命 ········· 3

二 推进管理变革 赋能"双碳"目标 ········· 13

三 低碳发展与数字化转型中的管理会计创新 ········· 27

四 关于管理的绿色使命 ········· 36

五 "双碳"目标下的资本市场蜕变与选择 ········· 44

## 第二篇 低碳发展：会计体系优化

一 从国际财务报告准则到国际可持续披露准则
　　——最新发展、基本构想和面临的挑战 ········· 71

二 拥抱变化，促进变革
　　——专业服务机构如何应对低碳发展的思考 ········· 82

三 "双碳"背景下的管理会计体系创新 ········· 89

四　会计助力绿色低碳经济发展 …………………………… 97

## 第三篇　低碳发展：管理会计应用与创新

一　"双碳"目标下的企业管理及会计创新 ………………… 105

二　低碳发展与管理会计应用与创新 ………………………… 110

三　远光软件股份有限公司实践经验分享 …………………… 123

四　低碳背景下企业管理会计新实践 ………………………… 128

## 第四篇　迈向碳中和：管理会计挑战与展望

一　"双碳"背景下宝钢股份在会计方面的实践和思考

　　…………………………………………………………… 139

二　金融如何助力碳中和？

　　——央行、商行和保险的行动与实践 ………………… 146

三　当好电网"碳管家"，做服务"双碳"的"先行者、

　　推动者、引领者" ……………………………………… 156

四 打造可持续未来中银行应该扮演的角色及对管理会计
　　的几点思考……………………………………… 164

五 责任、变革、行动………………………………… 170

后记 ………………………………………………………… 175

主要参考文献 ……………………………………………… 177

# 第一篇

## 低碳发展：
## 管理的绿色使命

# 低碳发展与管理的绿色使命

本文从低碳发展逻辑,低碳发展中的会计问题,低碳发展下的绿色金融,低碳发展下的绩效评价、审计和信息披露,以及管理的绿色使命共五个方面探讨低碳发展与管理的绿色使命。

## 一、低碳发展逻辑

### (一)历史逻辑

自工业革命以来,世界经济发生了巨大的变化,与此同时,也产生了一系列问题。从历史演变来看,1972年,我国派代表参加联合国召开的人类环境会议,1973年,国务院委托国家发改委召开了中国第一次环境保护会议。1983年,环境保护成为我国基本国策之一。1987年,世界环境与发展委员会发表了《我们共同的未来》研究报告,明确提出可持续发展概念。1992年,我国向联合国环境与发展大会提交《中华人民共和国环境与发展报告》。1994年，国务院通过的《中国21世纪议程》中，其主要内容就包括可持续发展总体战略与政策、社会可持续发展、经济可持续发展、资源的合理利用与环境保护四大部分。1996年，制订"九五"计划，可持续发展战略与科教兴国战略并列为国家两项基本战略。2003年，胡锦涛在党的十六届三中全会中提出科学发展观。

2004年，国务院政府工作报告提出大力发展循环经济。2005年，习近平总书记首次提出"绿水青山就是金山银山"，特别是党的十八大以来，环境问题、生态文明问题得到高度重视。党的十八大在党章修正案中，把中国共产党领导人民建设社会主义生态文明写入党章。2015年，党的十八届五中全会提出绿色发展理念。2016年，中国参与签订《巴黎协定》。2017年，党的十九大报告提出建设生态文明是中华民族永续发展的千年大计。

2020年9月22日，习近平总书记向世界宣布中国将实现2030年前达到碳达峰，2060年前实现碳中和的"双碳"目标。2021年4月22日，习近平总书记发表题为《共同构建人与自然生命共同体》的重要讲话。随后，中共中央、国务院发布了《关于完整准确全面贯彻新发展理念做好碳达峰碳中和工作的意见》，提出碳达峰碳中和总体目标、主要目标与实现路径，同时也出台了《关于深入打好污染防治攻坚战的意见》，提出建设生态环境经济政策。

## （二）理论逻辑

关于绿色低碳发展理念，绿色发展不仅是一种新兴发展模式，更是一种深刻而全面的发展理念、生产模式和消费模式的变革，它可以从各方面来推进经济增长模式的变化。《中国应对气候变化的政策与行动》白皮书中提到，低碳发展理念是要以人民为中心、贯彻新发展理念、大力推进碳达峰碳中和、减污降碳协同增效、牢固树立共同体意识。

中国自古以来有天人合一的文化传统，强调人与自然之间应该是彼此交流、不可分割的整体。西方也有着从人类中心主义（人类是主体，自然是客体），到生态中心主义（人类和自然在时空上是有共同生命体的特征），再到后现代主义生态文明（将科学技术与经济增长进行有机联系）的生态思潮，这些变迁也为西方国家提供了绿色低碳发展强有力的理论支撑。而在马克思主义生态文明思想中，马克思、恩格斯提出"感性世界的一切部分的和谐，特别是人与自然界的和谐"，更是我们做好生态文明建设，推动低碳发展的重要指南。

## （三）现实逻辑

从经济发展的角度来看，发展是主旋律，但是发展是基于可持续与绿色发展，在发展过程中，我们可以概括为"经济要环保，环保要经济"。与此同时，绿色发展也是创新驱动的发展。

从政治建设的角度看，绿色发展对执政兴国的能力和水平提出更高的要求。同时，它也是推进中国国家治理能力现代化、中国融入国际治理体系的重要切入点。

从生态环境的角度看，"两山"经济要把生态文明建设放在突出的地位，将生态文明的要求融入经济社会发展全过程和各环节，逐步实现经济社会发展与生态文明水平的协同提升。

从社会发展的角度看，正如习近平总书记在 2013 年 4 月海南考察时强调，"良好生态环境是最公平的公共产品，是最普惠的民生福祉"。

从文化价值的角度看，推动生态文明建设，减少碳排放，有助于勤俭节约的社会风尚的形成。与此同时，建立绿色文化实际上包括了绿色的世界观、价值观和法治文化，推进绿色生活方式和消费文化。

## 二、低碳发展中的会计问题

下面，我们从管理视角出发，尤其是会计、财务、考评等方面，探讨低碳发展下应该"如何做"的问题。

截至目前，环境会计尚未形成较为完整统一的定义，Gray 等认为，环境会计是沟通组织经济活动对社会中特定利益团体以及对社会整体所产生的社会与环境影响的过程[1]。它被看作是企业对环境问题作出反应所涉及的所有会计领域，包括新型生态环境。还有学者认为应将传统会计进一步扩展为生态会计，以计量企业对环境造成的生态影响。因此环境会计本质是会计领域的一个分支，涉及许多方面。环境会计与传统会计的差别在于其重点关注的是环境影响，也是衡量社会经济活动与自然之间相互作用的学科。1985年，美国国家环境保护局的相关文件将环境会计类别划分为三个层面：宏观层面的国民收入核算、微观层面的财务会计与管理会计。

与传统会计相比，环境会计同样包括会计要素、会计确认、会计计量与会计报告，但这些方面又存在较大差异。比如，在会计要素特征方面，传统会计要素大多基于过去，但环境会计要素强调事前性，更多强调面向未来。在会计确认方面，传统会计确认标准是实现原则，即以过去发生的交易和事项为确认标准，而生态价值确定和生态价值补偿具有非常典型的事前性、交易面向未来等特点，使得基于过去的实现原则难以成为环境会计确认标准。在会计计量方面，传统会计的计量单位与计量属性都无法直接套用于环境会计，一方面，传统货币计量单位难以准确完整地计量生态资源和价值补偿标准，另一方面，历史成本与现值会计等计量属性（包括估值方法等）也不完全适用。而在会计报告方面，如何构建一套理论严密、实践性强、行之有效的环境信息披露制度，并与其他相关信息披露制度比如财务报表等相互融合等问题，也都值得我们研究。

以碳排放权交易的环境会计处理现状为例，在会计确认和计量方面，由于碳市场法律体系不完善，配额分配制度不完善，碳市场流动性不足，碳价并不公允，采用公允价值进行会计计量成为值得商榷的问题；在会计报告方面，碳价信息以及碳排放管理信息的不透明，导致碳排放信息的列报与披露同样受到阻碍。

目前就碳排放权交易会计的这一系列核心问题，世界各国存在诸多观点。会计确认方面，包括以美国为主的无形资产观、存货观，以英国为主的金融工具观，中国提出的特殊资产观等。而对于碳排放负债确认，不同国家也采用了不同的方法，有的在发生碳排放时确认，有的在碳排放配额使用完毕之后再产生碳排放时确认，有的在获得免费配额时确认等。

会计计量方面，包括碳排放资产初始计量与后续计量，初始计量包含免费配额与购买配额两类情况，主要计量方法有公允价值计量、购买成本计量等；后续计量主要包括公允价值与历史成本等计量方法。碳排放负债计量也包括公允价值、市场价格、历史成本等多种计量方法。

此外，目前关于碳排放权交易会计信息的列报，有单独列示、合并列示以及两者皆可三种观点。

### 三、低碳发展下的绿色金融

目前，绿色金融涉及绿色信贷、绿色保险、绿色债券、绿色基金、环境权益交易市场等。在绿色信贷方面，我国银行等金融机构大量推进绿色信贷业务，信贷余额稳步上升。到2020年12月，我国绿色信贷余额已由2013年的5.2万亿元增长至2020年的12万亿元。绿色信贷余额占总贷款的比重同时稳步上升，已达到6.92%。从投放行业分布来看，绿色信贷投放主要集中在绿色交通、可再生能源和清洁能源、战略性新兴产业。

在绿色债券方面，很多国家发行绿色债券，其中美国居于首位，全球绿色债券累计发行额已从2012年的30亿美元升至2019年的2 575亿美元。而2019年年底，我国绿色债券发行总量达3 862亿元人民币，首次超过美国，成为全球第一大绿色债券发行国。具体而言，2016—2019年，我国绿色债券共发行约473支，并呈现出不断增长之态势。2020年年末，我国境内共有375家企业累计发行598支绿色债券，发行总规模达10 734.72亿元，集中于北京、福建、广东、江苏、浙江。2021年上半年，在"2030碳达峰、2060碳中和"目标下，碳中和债券发行数量为91支，占比46.19%，其发行金额为1 345.02亿元，占比为55.19%，碳中和债券对上半年绿色债券市场的强势增长贡献显著。

关于绿色金融政策效应，首先，我们通过研究"绿色信贷约束、商业信用与企业环境治理"，探究了绿色信贷指引是否给重污染企业造成绿色信贷约束，受到约束的企业是否有其他融资方式缓解，何种类型的企业更容易以商业信用缓解绿色信贷，以及政策效果如何等问题。研究得出以下几点结论：绿色信贷政策使重污染企业获得银行贷款的难度增加，形成绿色信贷约束；这种此消彼长的互动变化在具有国有产权、供应商和客户集中度更高的企业中更为明显；绿色信贷约束在一定程度上促进了重污染企业的环境治理投入，但这种促进作用仅存在于银行贷款和商业信用均受限的企业，这也对重污染行业的结构调整产生了一定的影响，即获取商业信用的重污染企业市场竞争地位得到提升。然后，我们通过研究"企业环境表现和债务融资"，发现环境绩效较好的企业具有较低的环境风险，更可能获得银行支持；这一正向关系在国有企业中被弱化，而在环境污染较严重地区经营的企业正向关系被强化，进一步夯实了当前绿色金融的政策效应。

在绿色投融资方面，我们通过统计高频关键词对国内外相关研究话题进行了分析，2000—2008年相关研究主要集中于信贷融资可持续发展重污染企业，2008年以后相关研究主要集中在低碳经济、环境产业、绿色产业、绿色债券等方面。外文期刊中的研究在2008—2015年主要集中在清洁能源制度体制机制方面，2012年以后，研究集中在投资和气候变化等方面。当前，关于企业绿色投融资行为的影响因素，已有研究有两大方面：一是外部因素，包括环境政策、宏观经济政策、金融市场等；二是内部因素，包括公司治理、绿色债券发行等。关于企业绿色投融资行为的效果评价，已有研究主要包括经济增长、企业创新、产业结构调整、投资效率等。

### 四、低碳发展下的绩效评价、审计和信息披露

目前的环境绩效评价包含单一指标评价和多维度视角评价。比如，其中绿色全要素生产就是一种综合评价指标，即在传统的生产要素基础上将能源投入和污染物产出纳入指标评价。

环境审计包括政府环境审计、内部环境审计、社会环境审计三大方面。其中，政府环境审计方面，我国特别出台了自然资源资产离任审计，推进自然资源能力审计。

注册会计审计方面，目前中国注册会计师相关审计准则虽已出台，要求审计师在审计财务报表时应该考虑环境事项，但尚未引起足够的重视。

信息披露方面，中国证券监督管理委员会（简称中国证监会）、中国证券投资基金业协会、香港交易及结算所有限公司（简称港交所）、上海证券交易所（简称上交所）等均针对企业环境信息披露（特别是 ESG[①] 信息披露）出台了相关政策，并在实际工作当中逐步推行。

### 五、管理的绿色使命

当前我们处于低碳发展新阶段，要实现碳达峰与碳中和，

---

① Environment，Social and Governance，环境、社会和公司治理。

实现人与自然和谐共生，环境效益、气候效益、经济效益共赢，最终实现高质量可持续发展，同时在发展过程中通过政府引导、市场主导、社会督导、数字赋能机制构建完备的绿色高质量发展体系。

对于企业管理者与会计财务管理学者而言，他们有责任和义务在绿色革命的推动下努力完成以下绿色使命。

（1）将环境目标纳入企业整体发展目标，形成生产活动、经营活动以及投资活动的绿色低碳的有效闭环，实现可持续发展。

（2）将产业链、创新链、人才链、资本链有机融合，推进绿色经济发展。

（3）尽快制定基于可持续发展的碳排放权交易会计准则，规范企业碳排放权交易的会计确认计量与报告；深入研究环境信息披露与共享机制，为企业绿色决策提供环境信息。

（4）加强企业绿色投融资行为，建立绿色金融市场、绿色权益市场和绿色产品市场的互动机制。

（5）加强企业可持续发展的绩效评价，大力推进 ESG 评价。

暨南大学教授　宋献中

# 二

## 推进管理变革 赋能"双碳"目标

全球气候变暖导致的自然灾害频发、资源不可持续问题，已成为当前全人类共同面临的巨大挑战。2021年，习近平总书记在二十国集团领导人第十六次峰会上，提出气候变化和能源问题是当前突出的全球性挑战，事关国际社会共同利益，也关系地球未来。中国已于2020年9月宣布"30·60"目标，庄严承诺彰显了构建人类命运共同体的大国担当。在英国格拉斯哥举办的《联合国气候变化框架公约》第二十六次缔约方大会（COP26）结束后，参会国亦达成了一系列新的承诺和宣言。本文就新形势下能源转型趋势、中国石化在践行"双碳"目标方面的行动和中国石化推动财务管理变革的举措等三个方面，进行分享。

## 一、"双碳"目标下石油石化发展新形势

### （一）"双碳"目标对人类经济社会产生深刻影响

全球范围内实现碳中和，不仅标志着人类传统工业时代发展模式的结束，更标志着人类将生态文明目标纳入了发展成果的检验标准。实现碳达峰、碳中和是一场广泛而深刻的经济社会系统性变革。

从客观物理层面来看，碳排放会导致极端天气事件增多和长期的气候变化，造成海平面上升、热带风暴、洪涝、干旱、森林火灾、热浪等自然灾害。一方面，这将直接影响到人类的生存生活环境，给人类社会的自身发展带来严峻挑战；另一方面，这也将直接影响各类实体资产的物理属性和经济价值，倒逼企业不得不改变产品特性和相关设计。碳排放对物理层面的直接影响也将顺着产业链传导到整个经济社会，例如，暴风雨、干旱等极端天气破坏采矿业的生产和运营，供电、供气、供热和供水等基础设施遭受损失，原材料减产使工业生产得不到保证。而实体企业遭受损失后，一方面会向保险公司索赔，导致保险公司支付更多的履约成本，被迫承担气候变化带来的风险；另一方面会对银行贷款相关的抵押物质量造成冲击，导致信贷风险上升，乃至引发系统性经济危机。

从评价体系层面来看，商品经济的资源配置模式可能会受

到有关绿色认证的重大影响。从当前形势来看，碳足迹标签的评价作用，正在从公益性标识的"软约束"，向全球绿色通行证的"硬约束"转变。以美国众议院 2009 年通过的"边界调节税"法案为代表的碳关税机制，一旦被发达国家普遍采用，新兴经济体国家的出口产品将面临苛刻的"绿色壁垒"。全球的资源要素配置，会逐渐向低碳化行业和绿色产品倾斜，相关的认证评价体系必将对未来的全球竞争与国际贸易产生重大的影响。

从主观认知层面来看，随着"双碳"概念的深入人心，各国消费者对于商品"低碳属性"的关注程度显著提升，对于相关概念的认知升级正在影响其实际购买行为。从商业发展史来看，类似的案例屡见不鲜，如美国劳工部每两年会发布《童工及强制劳工制品清单》，沃尔玛、宜家、乐购和雅诗兰黛等多个国际知名品牌都被消费者抵制过，怀疑其使用童工制造产品。又如，随着动物保护意识的逐渐增强，皮草工业作为世界上动物遭受虐待最严重的工业之一，已受到许多国家的抵制。美国洛杉矶、巴西圣保罗等多个地区明确颁布法令，禁止进口皮草制品，卢森堡、挪威等国家甚至直接禁止毛皮动物的养殖。这些都应当引起碳密集型产业的高度重视。

综上，气候变化将通过物理、评价和认知三个机制的共同作用，对能源、农业、基建和消费品等行业产生直接影响，进而对整个经济系统造成影响并产生损失。回顾 20 世纪 70 年代的石油危机，原油价格的飙升带动总体物价攀升，经济体陷入滞胀。与之类似，气候变化导致的供给侧价格冲击对经济影响的持续性、广度和强度也存在很大的不确定性，需要各国政府和企业超前研究、精准评估并及时应对。

**（二）国际石油公司战略调整动向**

为了应对上述形势，全球石油公司纷纷制定绿色低碳行动方案，加快转型升级步伐。其中，埃克森美孚、雪佛龙等美国石油公司致力于发展CCUS（Carbon Capture，Utilization and Storage，碳捕获、利用与封存）等负碳技术，同时剥离高碳排放资产；壳牌、英国石油公司（BP）、道达尔等欧洲公司致力于研发储备风电、光伏发电、生物燃料等可再生能源技术，加快从油气公司向综合性能源公司转型。其中，道达尔已经改名为"道达尔能源"，公司宣布将向天然气资源、电力资源、生物能源、氢能、太阳能资源、风能等清洁能源转型，逐渐发展为一个绿色环保的多能源公司。

根据埃信华迈（IHS Markit）公司数据，2021年国际石油公司低碳业务并购项目43个，披露的并购金额达58.39亿美元，创造了近些年来低碳业务并购的新高，反映出国际石油公司加快了低碳业务的布局，加大了能源转型的力度。

展望未来，国际石油巨头低碳并购投资仍将持续增长，全球能源系统将进入绿色可持续的良性循环发展阶段，"碳博弈"

将成为重要的"新国家竞争手段"。届时,传统能源融资难度将显著加大,倒逼国际石油巨头实施能源技术和产业深度调整,核心低碳技术(储能、氢能、燃料电池、CCUS等)将进入快速突破期。

**(三)我国石油石化产业发展现状与挑战**

一是保障能源安全压力将持续增大。2021年10月21日,习近平总书记来到胜利油田视察并慰问石油工人时指出:石油能源建设对我们国家意义重大,中国作为制造业大国,要发展实体经济,能源的饭碗必须端在自己手里。2020年我国原油对外依存度达到73%,天然气对外依存度"十三五"时期大幅增长10个百分点,2020年达到42%。较高的原油对外依存度、快速增长的天然气消费需求和持续扩张的进口规模,都要求我国油气勘探开发持续加大力度,不能通过缩减规模的方式实现减碳目标。

二是推进产业转型难度正不断提升。产品结构调整方面,我国油品需求即将达峰,同时炼油产能过剩问题突出;化工产品需求还有较大增长空间,且当前乙烯、PX(对二甲苯)等化工产品的产能和产量自给率均较低。控制炼油规模、有序推进化工产能建设,实现减油增化,是结构调整的重要方向之一。产能结构调整方面,我国炼化产能的规模性、先进性仍有较大提升空间,在规模化、基地化建设过程中,实现先进产能置换,是提升行业绿色低碳水平的重要手段。

三是规划行业碳达峰路径须审慎客观。《国民经济和社会发展第十四个五年规划和 2035 年远景目标纲要》指出：实施以碳强度控制为主、碳排放总量为辅的制度，支持有条件的地方率先达到碳排放峰值。国家这个提法是充分考虑中国碳排现状深思熟虑后提出的。以乙烯为例，过去十年间，我国的乙烯当量消费一直保持着 8% 以上的高增速，"十四五"增速保守估计也在 5% 以上。而随着人民生活水平的提高，高性能纤维、膜材料、可降解等高端材料的需求更是以倍数级增长。因此在对这类产品产业进行规划设计时，要充分考虑碳达峰的时间余量。

## 二、"双碳"目标下中国石化的战略选择

中国石油化工集团有限公司（简称中国石化），是 1998 年 7 月国家在原中国石油化工总公司基础上重组成立的特大型石油石化企业集团，是中国最大的国有一体化能源化工公司之一。公司主营业务包括油气勘探开发、石油炼制、石油化工和成品油销售等。公司是世界第一大炼油公司、第二大化工公司，也是国内最大的成品油和石化产品供应商。2013 年以来，公司营业收入稳居《财富》世界 500 强排名前五位。

### （一）理念先行

作为国有重要骨干能源企业，中国石化一直致力于绿色低

碳发展，努力争当可持续发展的排头兵。党的十八大以来，中国石化深入学习贯彻习近平生态文明思想，大力实施"能效提升"计划，扎实开展"碧水蓝天"环保专项行动，深入推进"绿色企业行动"计划，连续10年获得"中国低碳榜样"称号。近年来，面对"双碳"目标的新约束，中国石化在原有发展理念的基础上，进一步提出"一基两翼三新"的产业格局和绿色洁净的发展战略，主动推进化石能源洁净化、洁净能源规模化、生产过程低碳化，坚定不移向净零排放目标努力，推进减污降碳协同增效。

(二) 规划引领

在集团整体规划层面，中国石化在"十四五"及更长的时期内，将构建以能源资源为基础，以洁净油品、现代化工为两翼，以新能源、新材料、新经济为重要增长极的"一基两翼三新"产业格局。其中，"一基"为"两翼"提供资源基础，"两翼"向上发展，从洁净油品中培育出新能源、从现代化工中培育出新材料、从传统经济中培育出新经济，"一基""两翼"代表中国石化的现金牛，"三新"代表中国石化未来转型发展的重点方向。

具体到"双碳"目标层面，一是要加快提升能源利用效率。加强能源消费总量和强度"双控"管理，严格控制新建项目碳排放，加强项目过程管理，确保碳排放水平达到行业领先。深入推进"能效提升"计划，在油田企业推广区域一体化能效提升项目，炼化企业推广低温余热综合利用、蒸汽动力系统优化等成熟项目，打造一批标准示范项目。二是要深入推进碳减排与利用。发挥上中下游一体化优势，积极发展CCUS业务。强化甲烷排放管理，持续实施甲烷减排行动。深化与国家林业和草原局的战略合作，积极开发林草碳汇项目，不断提升林草碳汇能力。

### （三）顶层设计

一是集团公司对碳排放工作实行统一管理，各级明确组织机构，落实职责和分工并建立相应的协调机制。发挥集团公司一体化优势，按照"四统一"原则，统一核算和披露集团公司碳排放数据，统一制订碳排放计划和考核办法，统一开发和管理CCER（Chinese Certified Emission Reduction，国家核证自愿减排量）项目，统一编制碳交易计划和开展碳交易，实现集团公司整体利益最大化。二是实行碳排放考核评价制度，把碳排放指标完成情况及碳排放工作开展情况作为企业领导班子绩效考核内容。同时，统筹考虑各企业碳配额和CCER调度，按照《中国石化碳交易管理办法》，集中开展集团公司碳交易工作。三是将联合石化作为集团公司碳交易业务的操作主体，代理企业开展碳交易操作，管控交易风险，确保企业按时完成履约。

### （四）业务创新

一是大力推进传统业务低碳转型。全方位推动油气增储上产,特别是加快天然气跨越式发展,提升清洁能源供给能力。加快推进炼化业务集约化绿色化发展,打造一批世界级炼化一体化基地,加快淘汰高耗低效产能。二是不断增强绿色能源供给能力。把新能源业务摆在更加突出位置,积极发展以"氢能供给、清洁供热、清洁供电、生物燃料供应"及"新能源业务与现有业务绿色发展相融合""新能源业务与新科技新模式发展相融合"为架构的"四供两融"业务模式。三是主动探索石化产品碳足迹技术。"十三五"期间,中国石化对多种产品开展碳足迹研究,积极推动产品出口和提高企业社会效益。经过前期探索与实践,在现有 ISO 14067 和 PAS 2050 等国际标准的基础上进行适应性研究与改进,建立了基于中国石化生产实际的产品碳足迹核算与评价体系。四是积极开启 CCUS 项目建设。2021 年 7 月 5 日,中国石化开启我国首个百万吨级 CCUS 项目建设——齐鲁石化-胜利油田 CCUS 项目,建成后该基地将成为国内最大 CCUS 全产业链示范基地。这标志着我国 CCUS 项目建设取得重大进展,对产业发展具有巨大示范效应,对有效提升我国碳减排能力、搭建"人工碳循环"模式具有重要意义。

## 三、推进财务管理变革,赋能实现"双碳"目标

### (一)全面构建战略型集约化财务管控体系

面对"双碳"目标对企业财务管理工作提出的更高要求,

中国石化提出持续财务转型,构建战略型集约化财务管控体系。通过加强战略理念宣贯,强化全面预算管理,实施高质量发展指标评价体系,全面推进管理会计应用,并系统提升财务管理核心工作的集约水平,逐步建成战略型集约化财务管控体系。

构建战略型集约化财务管控体系,核心是聚焦集团公司战略转型方向,坚持同质集中、个性放权,做精增量、盘活存量,优化金融资本布局,助力新能源新材料等产业链布局,助推科技孵化等发展动力转换,助阵数字化智能化等传统产业转型升级,助兴碳金融等前瞻方向,从而全面支持集团公司的低碳转型发展。

### (二) 重点提升碳资产管理水平

**1. 主动参与碳市场建设**

一是加强政策研究,积极参与国家和地方开展的相关工作,协助有关部门进行标准、运行机制、财税优惠政策的制定。二是以资本为先导加强合作,抓住国家筹建碳市场相关机构的契机,以金融资本方式参与国家层面的碳基础设施建设。三是寻求国际合作,积累先进经验,在碳金融领域获取先发优势,创新发展绿色金融事业。

**2. 集中统筹碳排放管理**

一是通过集约化方式统筹碳资产管理,通过资本运作方式储备碳资产资源；树立碳成本意识，将其纳入公司投资评价体系，保障可持续发展需要。二是探索多样化的碳资产管理手段，在配额制下，研究企业履约前对碳资产进行抵押融资、期货交易等运作，通过金融工具盘活减排项目获取碳资产，通过交易手段实现碳资产保值增值。三是择机成立碳资产公司，对碳资产进行主动管理，制定企业碳资产识别、确认和计量标准，开展碳资产核查工作，综合运用配额抵押、配额置换、金融衍生品市场交易等手段，降低集团履约成本。

**3. 探索开展碳金融交易**

碳交易作为控排的市场手段，欧洲、北美等已形成较为完善的市场体系，中国碳市场起步虽晚，但市场潜力巨大。一是摸清家底，提早布局，统筹全局，做好交易策略和规划，集中交易，发挥协同效能。二是储备人才资源，探索开展碳资产融资和衍生品业务，建立面向市场、面向国际的专业化交易团队，为衍生品的开发和交易储备力量。三是主动参与气候变化国际合作，以广阔的胸襟和视野看待和处理外交关系，努力构建不冲突不对抗、相互尊重、合作共赢的新型大国关系，引领气候变化地缘政治的新格局。

**（三）积极发展绿色金融资本事业**

在能源转型过程中，金融资本扮演的角色和发挥的作用愈加凸显。一是绿色金融进入发展"机遇期"，支持政策持续加码。截至 2020 年年末，我国本外币绿色贷款余额约 12 万亿元，绿色债券余额超 8 000 亿元，分别居世界第一和第二。二是资本市场成为绿色投资"主战场"，支撑实体经济转型升级。到 2060 年，我国所需绿色低碳投资的规模将达百万亿元以上，但政府支出预计只能覆盖 15% 左右，大量绿色投资将由民间资本通过市场以各种方式补给。三是绿色交易业务成"爆发点"，碳交易体系加速发展。在逐步推出碳金融交易工具的情景下，保守估计碳交易规模将达 1 000 亿至 1 200 亿元。

以上三点，为中国石化金融资本业务带来了政策红利和全新的发展空间。2021 年，中国石化围绕新能源、新材料、节能环保、高端智能制造、大数据及人工智能五大领域寻找优质标的，运用"直投＋基金"双擎驱动模式，引导推动布局了多个战略新兴产业。直投项目重点研究光伏材料、生物法制乙醇、碳纤维复合材料、公路物流等具备协同的项目。基金业务发挥资本撬动作用，恩泽基金聚焦绿色低碳能源领域科技创新项目，重点布局了氢链氢圈、新材料、先进制造等细分赛道。

此外，2021 年 4 月 2 日，中国石化还首次成功发行了"绿色债券"——权益出资型碳中和债，发行规模为 11 亿元，发行期限 3 年，募集资金将用于公司光伏、风电、地热等绿色项目，是国内油气企业发行的第一支碳中和债。该碳中和债在银行间市场反响热烈，各方投资者认购踊跃，充分展现了中国石化在推进新能源替代、加快结构调整优化等方面的示范效应。

### （四）积极探索运用管理会计工具

低碳经济的影响改变了企业的生产经营环境，也必然带来企业价值理念、组织变革和商业模式的调整。作为企业管理的重要组成部分，管理会计活动必须适应"双碳"目标，为低碳发展提供系统思路和有效工具，在助力低碳发展方面发挥更加重要的作用。从现行的大部分企业预算体系来看，无论是战略目标决策，还是经营预算、资本预算和现金预算等传统预算内容，对企业碳排放活动和减排行为仍缺乏量化评估。未来，低碳运营的理念必然贯穿于企业价值链全程。这就要求企业财务管理必须转变传统观念，拓展管理会计职能，通过管理会计手段赋能低碳转型。管理会计要根据碳预算提供的信息帮助企业量化评估减排成本与收益，进而指导和规划企业减排行为。这既是企业规划和控制减排活动的管理手段，也是企业适应低碳经济发展的制度安排。

综上，当前气候变化正在给人类生存和发展带来严峻挑战，在客观物理、评价体系和认知层面都将引发广泛而深刻的经济社会系统性变革。作为国有重要骨干能源企业，中国石化正在通过价值理念重塑、战略规划提升、组织架构变革、商业模式创新以及企业管理转型等一系列顶层设计，积极努力践行"双碳"目标。在"双碳"目标的指导下，作为企业管理的重要组成部分,管理会计活动在为低碳发展提供系统思路和有效工具、助力低碳发展方面意义重大。中国石化愿与各界同仁一道,高擎"30·60"愿景旗帜,深入贯彻落实"四个革命、一个合作"能源安全新战略,共同推进我国能源结构转型升级,为应对全球气候变化、保障国家能源安全、促进经济社会持续健康发展做出新的更大贡献。

中国石化总会计师　张少峰

# 三

# 低碳发展与数字化转型中的管理会计创新

"双碳"目标背景下,企业要实现高质量发展,需要数字化转型与绿色低碳转型深度融合,让绿色成为企业数字化转型的底色,让数字化成为绿色低碳转型的重要抓手,而这两大转型融合下企业管理会计面临的创新需求,需要学术界和实务界共同关注。本文将从数字经济背景下绿色成为企业数字化转型的底色以及两大转型下的管理会计创新两方面进行探讨。

## 一、数字经济背景下绿色成为企业数字化转型的底色

当前,数字经济正在成为重组全球要素资源、重塑全球经济结构、改变全球竞争格局的关键力量,发展数字经济是把握新一轮科技革命和产业变革新机遇的战略选择。关于数字经济,

国家统计局于 2021 年 6 月 3 日正式公布《数字经济及其核心产业统计分类（2021）》，首次确定了数字经济的基本范围，数字经济分为数字产业化和产业数字化两个方面。其中，数字产业化包括数字产品制造业、数字产品服务业、数字技术应用业和数字要素驱动业，主要是 ICT 行业、战略新兴产业；产业数字化是指利用数字技术带来产出的增长和效率的提升，核心是传统行业数字化转型，即通过给传统产业插上科技的翅膀，赋能各行各业，如智慧农业、智能制造、智能交通、智慧物流、数字金融、数字政府等。近年来，产业数字化比重逐年上升，2020 年规模达到 31.7 万亿元，占比超 80%。从数字经济的结构看，产业数字化是数字经济发展的主引擎。将新一代信息技术与传统产业融合，已成为发展数字经济的核心驱动力。

数字化转型作为企业"十四五"规划的重要战略，究竟如何转？目标是什么？浪潮认为，重塑用户体验、主营业务增长、数据驱动、智能运营，从零到一、颠覆式创新是企业数字化转型的三个方向。企业数字化转型主要有三大目标：一是用数字技术对传统产业进行全业务链的改造和提升，重塑组织和流程，提高效率、降低能耗、降本增效，催生新产业、新业态、新模式、新收入；二是应对不确定不稳定性，构建企业新型能力；三是支持可持续发展，推进绿色低碳转型。特别是落实"双碳"目标，企业的发展更需要数字化转型与绿色低碳转型深度融合。

"双碳"目标格局下,绿色成为企业数字化转型的底色,数字化转型则是绿色低碳转型的重要抓手。数字化转型助力低碳发展,在现实生活中已经有了丰富的应用场景,比如,数字化革新生产工艺流程,提高资源效率,节能减排;机器视觉检测,提升良品率;电网调峰和提高输配电效率,促进可再生能源规模化开发利用,等等。以数字化转型支持可持续发展,推进绿色低碳转型,成为企业当下或将来的必然选择。

## 二、两大转型下的管理会计创新

数字化转型与绿色低碳转型融合之下,企业管理面临着新的机遇和挑战,管理会计作为企业管理的重要组成部分,也发生着新的变化,需要学术界和实务界共同关注。

### (一)财务共享是当前管理会计创新的重要阵地

2014年,财政部发布《关于全面推进管理会计体系建设的指导意见》,该意见指出,要建设一个中国特色的管理会计理论体系、指引体系、人才队伍、信息化加咨询服务构成的"4+1"理论框架体系,大力推动财务共享服务。至今越来越多的实践表明,企业数字化转型,特别是集团企业数字化转型,受到企业高层高度重视,并呈现出财务共享服务先行的特点。

当前财务共享中心建设轰轰烈烈。中交集团(中国交通建设集团有限公司)提出,实现财务云业财协同,是"十四五"

数字化规划的重点任务,也是"十四五"起步阶段数字化建设的头号"工程",中铝集团(中国铝业集团有限公司)提出,"财务共享中心是中铝集团智慧管理的主干"等,均体现出了企业借助财务共享模式加强业财融合,财务共享已成为深化管理会计创新的重要阵地。

**图 1　大共享是未来企业发展趋势**

共享是五大发展理念基础,如图 1 所示,以大数据为核心的大财务、大共享,是未来企业发展的趋势。

### (二)不确定环境下管理会计支持预测式运营

数字化时代,企业决策频率变得越来越快,企业运营由事后的"分析"向事前的"预测"转变,这对企业传统的生产要素提出了挑战,基于"数据+行业模型"实现预测式运营和智能决策的需求凸显。

浪潮认为，在未来"数据＋算法"驱动的世界中，管理会计创新应用的着力点应该聚焦算法和模型，依托数据、场景、算法发掘业务本质逻辑，依据业务洞见进行预测和决策，"数据＋场景＋算法"成为数字化时代管理会计的核心特征，并推动着企业管理各环节的革新。如推动传统的成本管理体系向基于生产驱动的自动化成本管理体系转化，推动全面预算方式转变为基于数据驱动的业财融合自动化预算体系等。

浪潮自身也是该方面的典型案例，新冠肺炎疫情以来，浪潮通过运营管理强化了预测，尤其是加强了"商机-签单"的预测，加强了对供应链的管理。利用企业大脑系统，浪潮提升了从商机到回款（L2C）端到端的预测能力，进一步做到了运营管控的精细化、可视化，成为企业落实管理会计的重要场景。不仅浪潮，许多大企业也都认识到了通过大数据应用进行预测和智能辅助决策，对集团运营、供应链管理和管理会计创新的重要性。

### （三）绩效管理成为管理会计创新的重要方向

互联网对传统企业最大的冲击是组织扁平化、企业平台化、员工移动化和创客化，组织的扁平化意味着加大授权、分权，激发活力。与此同时，传统组织部门的边界将弱化，取而代之的是跨部门、按项目、按角色建立的快速响应客户需求的"敏捷组织"和相应的绩效评价体系、工具、方法。充分授权并不意味着放任不管，而是需要转变集团运营模式和管控模式，利用新技术、新模式解决好充分授权与集中管控的平衡问题。

具体而言，互联网环境下组织的扁平化、小型化，意味着管理的颗粒度越来越小，核算越来越细，必须对大量阿米巴进行精准的业绩计量和评价，才能推动实现精益化管理，大数据、物联网与管理会计的融合应用为绩效评价能力提升提供了重要支撑；此外，传统的成本管理会计的面向对象主要还是制造业，而随着产业转型升级，以高端服务业、生产性服务业为代表的服务型企业大量涌现，服务型企业的成本结构是HR（Human Resources，人力资源）占大头，针对服务业的绩效评价，应该加强对人力资源成本的研究，以及对人力资本的研究，这些都更需要人力资源专家和管理会计专家深入合作。

简言之，数字化时代，组织呈现扁平化、敏捷性、动态化特征，以价值创造为导向的绩效管理成为越来越重要的课题，对CFO提出了新期待；员工激活和赋能是企业创新发展的根本动力，强化人力资本研究和绩效管理是管理会计创新的重要方向。

**（四）管理会计支持绿色低碳转型**

当前，全球范围内已逐渐形成了以"碳中和"为代表的绿色与可持续发展共识。我国也提出了2030年前碳达峰目标和2060前碳中和愿景，并相继出台了《中共中央 国务院关于完整准确全面贯彻新发展理念做好碳达峰碳中和工作的意见》以及《2030年前碳达峰行动方案》两个顶层设计，要求各地区要将碳达峰、碳中和相关指标纳入经济社会发展评价体系。可以说，未来"双碳"将重塑所有行业、所有业务。对企业而言，"双碳"目标不仅是合规问题、法律问题、资金投入问题，更是企业未来竞争力的问题。谁率先拥有领先的碳减排能力，谁就将形成新的竞争优势。

"双碳"目标成为企业新战略，"碳"就同技术、产品一样，成为企业管理的新维度，企业需要量化、跟踪和分析整个价值链中的"碳足迹"，进而推进企业全价值链的碳管控。新形势下，作为管理的重要组成部分，管理会计活动必须更加适应"双碳"目标，为低碳发展提供系统思路和有效工具。

关于绿色低碳转型对管理会计的影响，浪潮认为，绿色低碳转型需要围绕碳排放、交易及其鉴证等会计问题，以及碳规划、碳足迹、碳成本、碳决策、碳披露等问题，重塑成本会计和管理会计，形成碳管理会计体系。何为碳管理会计？结合浪潮服务企业实践，碳管理会计是在传统管理会计分析标准与方法的基础上，引入碳治理、碳信息管理、碳政策等要素，对采购、生产、运营、销售、循环利用等全价值链进行碳影响分析，为企业战略决策提供依据。具体而言，就是基于"碳足迹"数据，形成企业成本管理和碳决策、碳信息披露，可再生能源信用资产价值的再评估与计量,支持企业绿色低碳转型,助力企业实现业碳一体。

为更好地推动企业数字化转型和绿色低碳转型,浪潮云ERP将绿色可持续发展作为重要维度加入企业商业分析与核心业务流程,并正式推出碳管云一站式碳管理平台,浪潮碳管云架构如图2所示。平台以新一代企业级PaaS平台浪潮iGIX为技术底座,集碳排放计量、减排管理、配额交易功能于一体,包含碳足迹、碳资产、碳会计、碳履约、碳信披等8大模块;平台具备业碳一体、物联感知、嵌入智能三大特性,可支持对产品全生命周期、企业碳履约全过程、重点排放行业全链条的碳管理,为企业提供科学全面的碳中和综合解决方案,助力企业高质量发展。

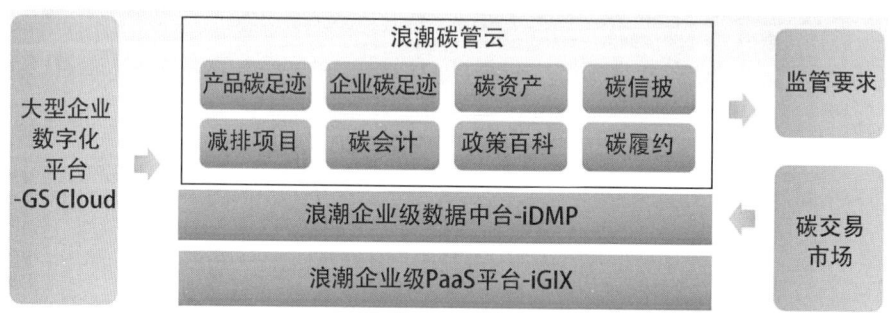

图2　浪潮碳管云架构

实现"双碳"目标是一场广泛而深刻的经济社会系统性变革,作为国内领先的企业管理软件与云服务提供商,未来浪潮将与社会各界一道深入合作，产学研协同攻关，构建企业的碳管理体系和平台，打造可持续发展的智慧企业，共同担负起管理的绿色使命。

浪潮集团执行总裁　王兴山

# 四 关于管理的绿色使命

## 一、低碳发展相关背景及驱动

针对低碳发展下如何践行管理的绿色使命、优化会计体系以及推动管理会计应用与创新,我并不确定能为大家提供任何答案。但是,了解相关背景和驱动因素,将有助于后续讨论,并为大家带来思考和启发。以下从国际和中国两个视角展开分析。

### (一)国际因素

众所周知,当前国际社会对碳足迹问题深表关切。我们经常听到"碳预算"这个词。那么如果要研究"碳预算",我们就不得不了解一组被广泛传播的数据,其中的一个数字尤为重要,那就是1.5摄氏度。世界各地专家、组织和公众普遍担心,如果气温上升1.5摄氏度及以上,人类就会面临灾难。

曾有一种比喻：我们的环境就好比一个大浴缸，浴缸里的水大概有60%。如果继续往浴缸里放水，水最终会填满整个浴缸，然后就会溢出来，我挺喜欢这个比喻。2021年11月，在苏格兰的格拉斯哥，与会者齐聚第26届联合国气候变化大会（COP26）。注意这不是COP1、COP2或者COP3，而是COP26，说明人类已经围绕气候变化讨论了很长的时间。然而，这个议题的紧迫性和发展势头却有增无减。人们认为，气候行动失败是一种长期风险。根据世界经济论坛2021年进行的全球风险预测调查，受访者普遍将气候行动失败看作是必然影响人们生活的最具影响力且发生概率第二高的长期风险。

此外，还有另一个国际因素，那就是"双碳"目标——一个最近才被大家所知的概念。"双碳"目标首先是指碳达峰，比如一些国家以及组织的碳排放会在未来某天达到一个特定峰值，然后设法降低预期排放峰值，使碳排放由增转降，最终达到碳中和。

### （二）中国因素

当前中国采取的策略是积极应对气候变化，以实现三大成果：推动高质量经济发展，促进高水平环境保护，面向共同的未来构建人类命运共同体。如果以此为驱动因素，并立志实现上述目标，中国将有望取得切实成果。尤其是在如何积极应对气候变化上，中国推出了"1＋N政策体系"，2021年10月27日，这项政策又有了新的补充，包括在 2030 年以前实现碳达峰的具体行动计划。而如果碳达峰之后立即启动减排，那么从长远来看，应在 2060 年之前实现碳中和。这份行动计划在苏格兰举行的 COP26 会议上进行了公布，是中国对这次会议和会议成果所做出的重大贡献。

## 二、绿色使命

接下来我们谈一下绿色使命陈述，以及通过绿色使命陈述我们想要表达什么。有人可能想问：为什么我们要费心发表一份绿色使命陈述呢？因为就像发表所有使命陈述一样，我们这样做必须有一个甚至多个需要实现的普遍目标。在此基础上，目标该如何衡量？能够认可的达成目标的标准是什么？只有回答这些问题，才能有效判断现实与目标的距离。

首先，我们需要知道，从组织内部出发，为什么可持续发展对我们的业务如此重要？除了刚刚介绍的一些外部驱动因素，是否还有更为具体的因素？比如在制定绿色使命陈述时，我们所相信的究竟是什么？也正是由于在某些情况下使命陈述会招致批评，被认为是空话，所以我们更加需要努力把握并阐明我们真正相信什么。

其次，我们需要知道应该如何设定目标。如果我们对目标一无所知，就更加无法规划实现目标的道路。不仅是未来 5 年、

10年甚至40年后想要达到的最终目标,更是指在这个过程中不断要实现的阶段目标。就像火车旅程,只有看到不同的城市和村镇,看到旅程中停靠的车站,才能知道自己到了哪里。所以,目标必须清晰而明确,必须具体,让我们可以清楚地望见未来的路。

最后,我们需要讨论达成目标的衡量标准。对于成功的衡量标准,从组织的视角来看,就是身为一家企业,未来应该是什么样子的。有时候,我们知道理想的世界尚未真正实现,但怀抱这样的想法并为之努力绝对没有错。那么如何衡量成功?哪些衡量标准能够同时确保我们的有效管理?并不是说我们每达到一项成功标准就打一个勾,没有这么简单。而且如果没成功怎么办?所以我们需要有合适的指标,把衡量标准具体化。只有这样,才能发现不足之处,找到继续前进的办法,让组织回到正轨。但这并不是很容易,我们不可能在会议室,通过五分钟的讨论就把一切搞定。正如你们所知,我们需要对未来进行全面和严谨的分析。这是一项艰巨的挑战。因为如果我们都能预见未来,生活就太容易了。

## 三、高层管理团队

我们都知道,高层管理团队的参与是成功的关键之一。高层管理团队的角色决定了组织的方向,为组织文化确定了基调。当高层管理团队建立起一种文化,他们愿意为此努力,并发挥领导作用时，才能推动决策过程。如果高层管理团队不愿为此努力，不愿在碳中和以及我们提到的其他方面担当表率，那么组织短期内也难以取得任何成果。

当然，高层管理团队可以利用现有体系展开行动，比如提供资源、激励员工，从而推动各项议程。但我们更应该思考的是他们该如何开展并倡议可持续发展行动。

可持续发展需要和社会、环境等思维结合起来，而对于一些高层管理者来说，要改变自己的思维方式可能很难，甚至可能需要一些特定的领导品质，包括以下几个方面。

（1）多重系统性思考能力。高层管理者不仅要看到目前影响我们的因素，还要看到未来影响我们的因素，同时必须将一整套新计划提上议程，而这些计划可能是高层管理者在此之前从未考虑过的。

（2）接纳更多利益相关方。如果我们想要讨论更广泛社区的可持续发展问题，这显然涉及不止一个利益相关者。因此，多方考虑必须要纳入高层管理者的行动流程。

（3）颠覆性创新。通常，没人会喜欢改变。有些人确实会在一定程度上拥抱改变，但绝大多数人还是喜欢保持现状。一切如常会让人感觉舒适，无需过于担心变化。当然，当改变必然发生时，我们也必须敞开怀抱。甚至在某些情况下，我们必须有所创新，必须认真推动具有颠覆性的创新。这将是高层管理者必须面对的一件事。

（4）重视长期发展。这件事不仅仅关乎今天、明天或下周，我们讨论的是保持长期性的问题。我们需要在使命陈述的背景下，制订长期计划和优先事项，并规划如何在过程中逐步实现这一目标。

## 四、有关温室气体排放类型的管理会计

很有意思，在我搜集关于如何识别温室气体排放"类型"（type）的信息时，我发现了"范围"（scope）这个概念，它是和"类型"（type）同义的另一个术语。

范围1：由拥有或直接控制的排放源所产生的直接排放，比如燃料燃烧。想一想我们各自的组织，燃料燃烧这类排放确实存在。

范围2：自用的外购排放源产生的间接排放，比如供能供水产生的排放。

范围3：间接排放，但来自价值链和供应链的排放。

请想一想，各位所在的组织购买的各种产品和服务，这些外购产品和服务会产生多少碳足迹？如何处理出差产生的排放？我们在废物处理、运输和分配方面又产生了多少排放？

我们现在所说的并非艰深的科学理论，我们都能深刻地体会到这些事、这些活动就发生在组织内外，而我们都希望自己的组织运转顺利。如果我们把两者放在一起，就会看到事情纷

繁复杂。困难在于这些事件并非一个个孤立存在，而是同时发生。有时候，这些同时发生的事件又并不完全同步。于是，事情就变得更加棘手。但总体来说，就是既有同时发生的事件，又有依次发生的事件。

图1看起来很乱，它是动态的，很多事件同时发生。但如果我们停下来仔细观察每一个事件，就会发现碳足迹的影响。如果我们想最终实现碳中和，就需要关注每一个碳中和的机会，比如随着业务的不断调整，这张图上的事情是否需要被列入减排议程。同时，还要做好准备，如何将排放因素（包括温室气体排放和二氧化碳足迹）考虑在内。

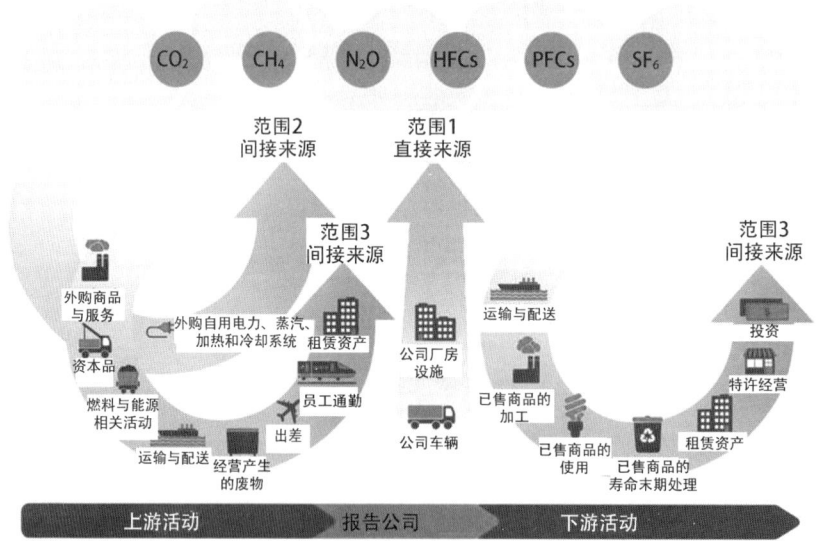

**图1　公司温室气体排放范围**

资料来源：《温室气体核算体系》（GHG Protocol）。

## 五、小结

无论我们是否愿意,可持续发展问题作为管理层的优先考虑事项,将会长期存在。无论是从国际还是国家层面,我们都看到了这一点,政府在积极动员管理层和组织,而管理层和组织也正跃跃欲试。

这是一项优先要务,我们正在接纳这个现实。从某种意义上讲,我们不能只是定期把可持续发展问题拿出来关注一下,而是要让可持续发展变成日常管理工作的一部分,所有人都要随时关注它。

如何确定需要衡量的事项,进行管理会计应用,有待后续思考与探索。对于任何管理会计信息,一旦我们确定了组织需要参与的工作,就要想方设法衡量进展,实现目标,并提供反馈,就像我们通常在传统的预算系统中所做的那样。但是,如果希望保证预算系统的可持续性,就需要了解如何做才能实现目标、已经实现了哪些目标、为什么还没有实现目标、接下来又该怎么做等问题。在前述的背景基础上,希望大家进一步探讨切实有意义的行动和优先事项。

＊本文仅代表作者个人观点,不代表伦敦大学学院的任何观点。本文基于作者的英文演讲翻译成文。

伦敦大学学院管理学院教授　　Alan Parkinson

# 五 "双碳"目标下的资本市场蜕变与选择

2020年9月,习近平总书记在第七十五届联合国大会上宣布"30·60""双碳"目标,拉开了我国"碳达峰碳中和"的行动序幕。2021年10月,中共中央、国务院发布碳达峰碳中和"1+N"政策体系,印发《关于完整准确全面贯彻新发展理念做好碳达峰碳中和工作的意见》和《2030年前碳达峰行动方案》,为碳达峰碳中和这项重大工作进行系统规划、总体部署,是碳达峰碳中和的顶层制度设计,彰显了国家落实"碳达峰碳中和"的战略定力和宏伟蓝图,也深刻影响每个企业每个人的发展。

中国虽然已经成为世界第二大经济体,但人均GDP水平2019年刚刚突破1万美元大关,仍显著低于全球主要发达经济体。我国要实现人均GDP在"十四五"期间达到现行的高收入国家标准和 2035 年达到中等发达国家水平的远景目标，未来 15 年中国经济年均增速仍然需要保持在 4.8% 左右的水平。

对于我国来讲，在人均 GDP 相对不高的水平下实现碳达峰和碳中和，既是机遇也是挑战，如何在高质量发展中寻求经济转型和平稳增长的平衡是我们需要重点思考的方向。同时，作为金融从业者，证券公司如何更好地助力碳中和目标的实现值得深思。下面主要从中国"双碳"目标的意义、路径规划、制度设计，"双碳"目标给资本市场带来的影响以及资本市场助力"双碳"目标实现，国泰君安积极践行落实"双碳"目标等方面进行分享。

## 一、碳达峰、碳中和：人类命运共同体的必然需求

中国当前提出"碳达峰碳中和"的目标要求，主要是基于以下三个维度的原因：第一，该目标是全球气候问题激化下的唯一选择，第二，该目标是中国实现可持续发展和能源安全的重要途径，第三，"碳达峰碳中和"是新发展阶段中国面向全球的大国担当。

### 1. "双碳"是全球气候问题激化下的唯一选择

全球气候变化已经成为人类发展的最大挑战和重大威胁之一。根据联合国环境署测算，2019 年全球温室气体排放总量为 591 亿吨二氧化碳当量，其中化石燃料产生的二氧化碳排放约

380亿吨,占温室气体排放总量的65%。1990—2019年全球温室气体排放的来源如图1所示。温室气体的排放推动全球气温升高,2010—2019年是有记录以来最炎热的时期,2019年的气温较工业化前整体提升了1.1℃。全球气温的升高进一步导致极端天气频发。全球自然灾害事件的数量已经从1900年的5起飙升到了2019年的361起,环境问题成为全球各国共同关注的重要议题。1990—2019年全球自然灾害事件变化情况如图2所示。

《自然》杂志上的一篇研究表明,格陵兰冰层的消融量是以前的7倍多,从1992年到2018年已经损失了近4万亿吨冰,融

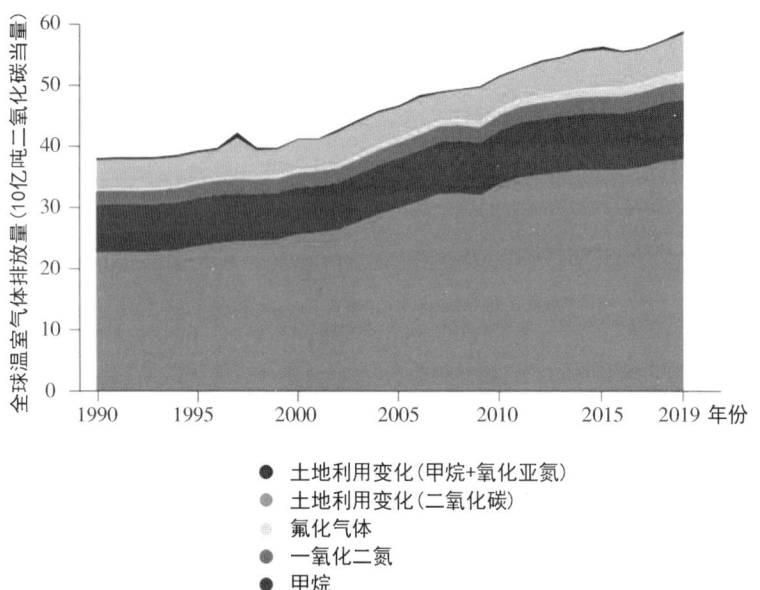

图1 主要来源的全球温室气体排放

**图 2　全球自然灾害事件变化情况**

资料来源：WRI/WBCSD Corporate Value Chain（Scope 3）Accounting and Reporting Standard（PDF）EXIT，P. 5。

化的水让全球海平面上升了约 10.6 毫米。大家都知道，上海是中国地势最低的大城市之一，平均海拔只有 3～5 米，根据中国气象局预测，到 21 世纪末，上海的海平面有可能上升 1 米，这将给我们下一代正常的生产生活带来威胁和挑战。除海平面上升，科学研究还证明全球变暖加剧了飓风等自然灾害的破坏程度，造成了不可估量的经济损失，另外，北方每到秋冬就绕不开的雾霾问题，背后也有全球变暖因素在作祟。

实现减排减碳以应对全球气候变化已经形成国际共识。2015 年近 200 多个国家和地区达成了应对气候变化的《巴黎协定》，其中设定了 21 世纪后半叶实现净零排放的目标，旨在将全球气温增幅较工业化前水平控制在 2℃ 以内，并努力将升幅控制在 1.5℃ 以内。我们以 1.5℃ 的上升空间为约束（较前工业化时期),2030年前全球需削减290亿至320亿吨二氧化碳排放,大致相当于目前6个最大排放体的总排放量。截至2021年4月,已有195个国家签署了《巴黎协定》,目前已经有超过130多个国家或经济体提出了碳中和的气候目标。2021年11月召开的《联合国气候变化框架公约》第26次缔约方会议签署了《格拉斯哥气候公约》,与会近200个国家将在2022年年底再次评估各自的2030年减排目标,并采取更多措施,努力将全球升温控制在1.5℃以内。

**2. "双碳"是中国实现可持续发展和能源安全的重要途径**

改革开放之后,中国经济40多年的高速发展阶段里,国内的生态环境也承受了一定的压力。从总量看,中国碳排放自2005年超过美国成为全球最大碳排放国,2020年中国碳排放总量达99亿吨,连续第4年保持增长。可以说高碳排是中国在高速发展的过程当中产生的新问题。2020年世界主要经济体能源消费结构如图3所示。由于能源结构相对单一,例如,2020年化石能源占一次能源消费比重达84%,这种格局对发展的可持续性带来了挑战,要提高经济增长的质量效益,实现可持续发展,使我们的经济、社会、环境更协调,降碳是中国发展的内生性选择。

从能源安全角度来看,我国的能源使用高度依赖煤炭石油等不可再生能源,2020年中国煤炭和石油消耗量占比超过

70%。2000—2019 年中国原油、天然气对外依存度变化趋势如图 4 所示。长期来看，不可再生能源形成周期长，随着能源使用量的攀升，不可再生能源未来将面临枯竭风险，能源续航能力可能遭受挑战。而短期来看，我国石油、天然气的贸易逆差缺口持续扩大，截至 2019 年年底，原油、天然气的对外依存度分别达到 73%、43%，能源的安全保障面临较大压力，尤其在地缘政治风险升温以及近年新冠肺炎疫情对能源供应链扰动加剧的背景下更是如此。"双碳"目标的提出能够进一步加快多元清洁的能源供应体系建设，推动实现能源保供和安全续航的双赢。中国"双碳"目标下能源结构转型如图 5 所示。

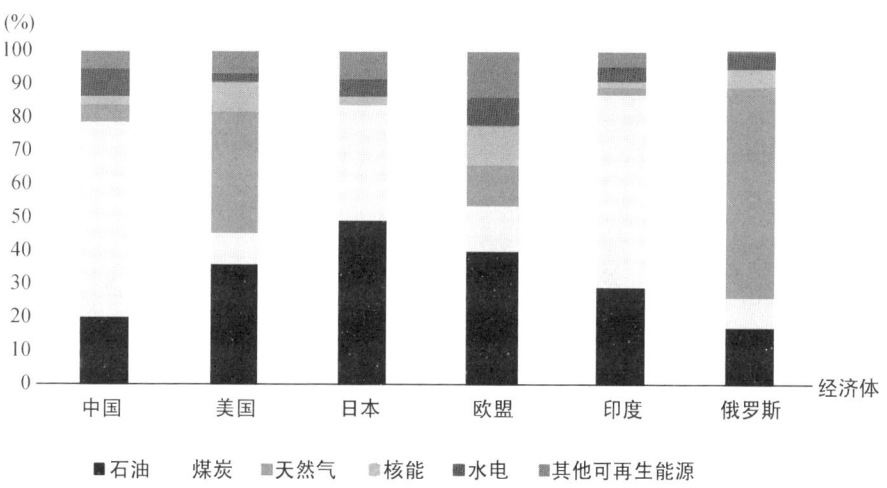

**图 3　2020 年世界主要经济体能源消费结构**

资料来源：英国石油 BP 数据库，国泰君安 FICC 碳金融。

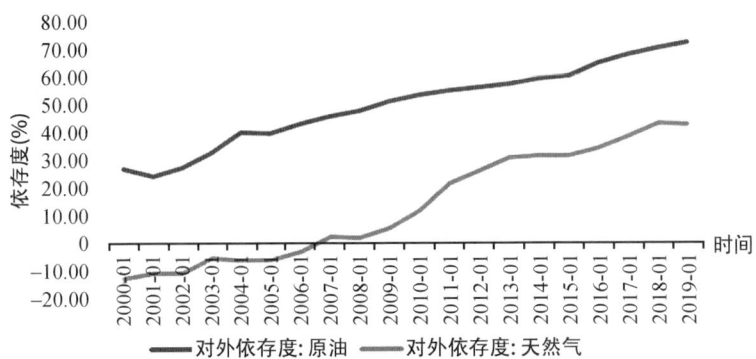

**图 4　中国原油、天然气对外依存度变化趋势**

资料来源：Wind，国泰君安 FICC 碳金融。

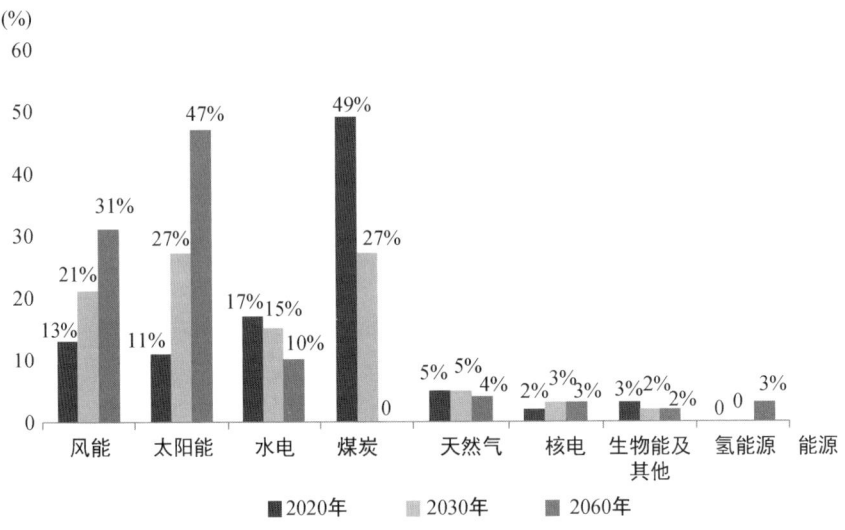

**图 5　中国"双碳"目标下能源结构转型**

资料来源：《中国 2030 年能源电力发展规划研究及 2060 年展望》，国泰君安 FICC 碳金融。

## 3. "双碳"是中国在全球环境责任语境下的大国担当

2012年,中国人均碳排放量首次超过欧盟,但至今较日本、美国等部分发达经济体还有很大的差距。2020年,中国人均碳排放量为7.1吨,约为美国人均13.5吨的一半。从1990年以来的历史累计人均碳排放量来看,全球平均水平是209吨/人,我国是157吨/人,美国是1 218吨/人,我国大约是美国的1/8。1990—2019年世界主要经济体历史累计人均碳排放情况如图6所示。

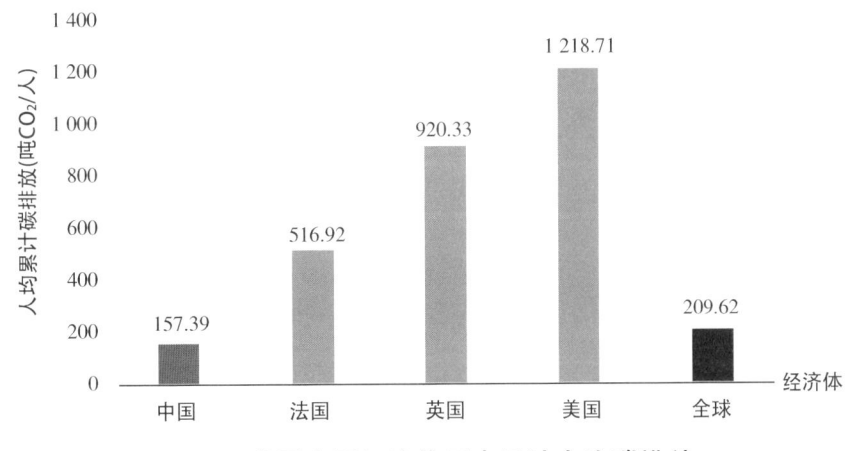

**图6 世界主要经济体历史累计人均碳排放**

需要指出的是,主要发达经济体均已实现碳达峰,英、法、德以及欧盟早在20世纪70年代即实现碳达峰,美、日分别于2007年、2013年实现碳达峰。从碳达峰到碳中和,欧盟用时71年,美国用时43年,日本用时38年。世界主要经济体碳中和周期如图7所示。而作为最大的发展中国家,我国工业化、城镇化还在深入发展，发展经济和改善民生的任务还很重，在能源消费仍将保持刚性增长的背景下，中国碳排放量还处于上行期，能源需求还未见顶，要在2060年实现碳中和，意味着中国要在近40年的时间里完成发达国家花费60—100年才完成的减排任务，充分展示了在新发展阶段，中国应对全球气候问题的大国担当。

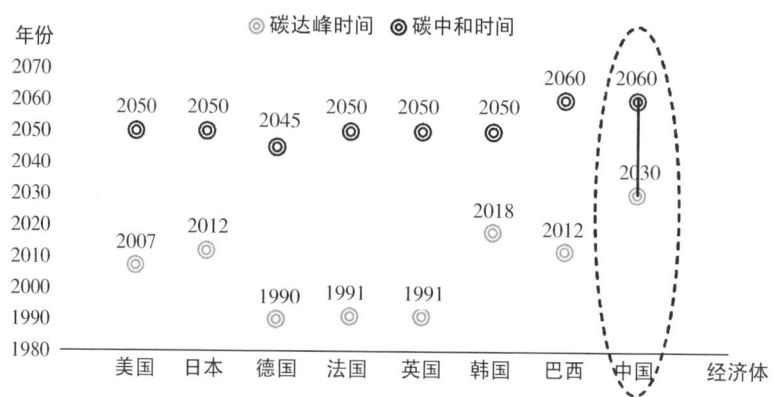

**图7 世界主要经济体碳中和周期**

资料来源：Corporate net zero pathway, word bank, 公开资讯，国泰君安FICC碳金融。

## 二、实现"双碳"目标的核心路径

"双碳"目标的实现整体上是"时间紧、任务重"的状态，在目标达成过程中，中国还面临着三重挑战：一是能源生产端仍是高碳化能源结构，一次能源"一煤独大"转型困难的挑战；二是能源需求持续增长之中，控排放与稳增长的挑战；三是重型产业化结构，传统产业路径依赖的挑战。面对这三重挑战，我们将主要从能源生产、能源消费、产业结构转型三个维度入手，但核心还是能源系统实现重塑和低碳技术实现持续突破。

**1. 能源系统低碳转型是实现碳中和的第一要义**

首先，在能源生产端加速清洁能源装机的占比，促进电力系统深度脱碳。电力生产是当前最大的碳排放来源，占比约37.6%，实现碳中和需要用光伏、风电、核电、水电等清洁能源替代火电。我们预计2030年、2050年、2060年清洁能源装机将分别增至25.7亿、68.7亿、76.8亿千瓦，2060年实现超过96%的电源装机和发电量均由清洁能源承担。与此同时，化石能源发电加快转型，煤电总量控制在2025年达峰，2030—2050年转型进程加快，到2050年下降至约3亿千瓦，2060年全部退出。在这一过程中，建设中国能源互联网将发挥电力系统的关键作用，2050年前实现电力生产近零排放，之后为实现碳中和提供负排放。由此来看，电力将是减排力度最大、脱碳速度最快的领域。

其次，在能源消费端不断提升全社会用电占比，实现全面电气化。我们预计全社会用电量2030年达到10.7万亿千瓦时，2060年达到17万亿千瓦时，电能将成为最主要的能源利用形式。在碳达峰之后的30多年里，我国工业、交通、建筑领域用能方式将加快转向电能，累计增加用电量分别达到0.9万亿千瓦时、2.4万亿千瓦时、3万亿千瓦时，全社会2/3

的能源消费均为电能，实现能源消费体系转型。

最后，基于"节约优先"原则，严抓能耗"双控"，限制"双高"项目。传统高耗能行业的发展规模是我国能耗双控目标的"晴雨表"，我们需要做好产业布局、结构调整、节能审查与能耗双控的衔接，对能耗强度下降目标完成形势严峻的地区实行"双高"项目缓批限批、能耗等量或减量替代。2021年上半年我国高耗能行业的增速达到了7.0%，而2019年仅为4.8%，高耗能行业的大幅增长是2021年的能耗达标状况不及预期的根源。

总体而言，中国一方面需要推进电力系统深度脱碳和全社会电气化，实现电力行业碳中和；另一方面也应意识到能源转型并非一日之功，需要基于"节约优先"原则，严抓能耗"双控"。只有两大举措相互配合、统筹推进，才能最终顺利实现"双碳"目标。

**2. 低碳技术持续突破是实现碳中和的根本保障**

技术进步对于碳中和目标达成同样至关重要，技术进步包含储能、可再生能源制氢、碳捕捉、碳汇等。

首先，加快推进抽水蓄能和新型储能的规模化应用，提高电网对高比例可再生能源的消纳和调控能力。我国2021年出现了大规模的"电荒"，实际上是因为能源格局在某种程度上出现"未立先破"的局面，调峰能力不足限制了清洁能源的续航。因此，储能技术的规模化应用是实现能源结构转型的关键，我们也看到，这资本市场上已经有所体现。作为储能设备的龙头，宁德时代已经提出了三大发展战略：一是以可再生能源和储能为核心实现固定式化石能源替代，二是以动力电池为核心实现移动式化石能源替代，三是以"电动化＋智能化"为核心实现市场应用的集成创新。随着碳中和政策的推进，宁德时代股价一路飙涨，2021年年初至2021年11月已上涨82%，2021年基金三季报显示，截至三季度末，共有1 225只基金重仓持有宁德时代，持仓市值高达1 171亿元，超过了持仓贵州茅台的1 092亿元。

其次，建设低碳交通运输体系。高耗能的交通运输行业也是"双碳"目标下需要重点转型的对象。为此，中国需要加快发展新能源和清洁能源车船，推广智能交通，预计新增新能源、清洁能源动力的交通工具比例将从当前的11%逐步提升至2030年的40%左右；与此同时，推动加氢站建设，加快构建便利高效、适度超前的充换电网络体系。

电动车不是新鲜事物，但100多年来电动车都没有取代燃油车，一方面是因为电池的体积能量密度远小于燃油，比如现在的特斯拉和比亚迪等电动车用的电池能源密度是260千瓦/时，但是汽油、柴油分别是860千瓦/时和9 600千瓦/时；另一方面是因为液体能源比电气能源更便于运输和存储。

电池技术及储能技术制约了电动车的规模化生产和应用。

最后,稳步推进碳捕捉、利用与封存(CCUS)和农林碳汇等负碳技术的发展。碳捕捉是指捕捉空气中的二氧化碳并将其封存在地下,主要是为了对冲无法通过常规方法脱碳的工业二氧化碳排放。全球范围内 CCUS 的捕集规模在 2010—2020 年涨了 3 倍。截至 2019 年年底,我国共开展了 9 个捕集示范项目、12 个地质利用与封存项目,其中包含了 10 个全流程示范项目,所有 CCUS 项目的累计二氧化碳封存量约为 0.2 亿吨,封存量仅为年排放量的万分之一,这意味着未来 CCUS 技术的发展动能将大幅提升。在农林碳汇方面,中央要求深入推进大规模国土绿化行动,巩固退耕还林还草成果,实施森林质量精准提升工程,持续增加森林面积和蓄积量,在 2030 年将森林覆盖率和储蓄量分别提升至 25% 和 190 亿立方米,我们相信未来农林碳汇对于碳减排的贡献将稳步提升。

总体来说,低碳技术的持续突破是我国实现"双碳"目标的根本保障。"双碳"目标实现的技术路径如图 8 所示。目标实现的路径不仅会对国内经济带来影响,未来在低碳领域的合作也是我国对外开放的一个重要环节,中国将积极推动新能源等绿色低碳技术和产品"走出去",让绿色成为共建"一带一路"的底色。

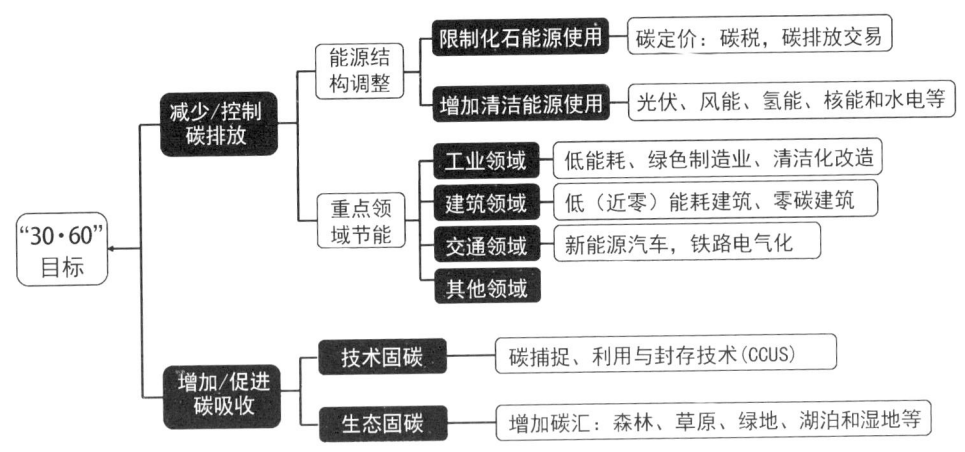

图 8 "双碳"目标实现的技术路径

资料来源：中央财经大学绿色金融国际研究院，国泰君安 FICC 碳金融。

## 三、财政金融政策为"双碳"目标保驾护航

在路径规划下，"双碳"目标的实现还需要相应的政策机制的支持。我们认为碳交易机制、绿色金融体系、财政与货币政策将成为当前"双碳"目标制度设计的三个主要支柱。其中碳交易机制有助于将碳排放的负外部性内部化，绿色金融体系支持低碳产品的投融资需求，财政与货币政策可进一步赋能和规范绿色产业发展。

### 1. 碳交易市场化机制，推动产业低碳转型

碳交易是减碳方式中最有效的市场化手段之一，能够很好地引导全社会的资源分配，是一种长期可持续的方式。碳交易的本质是通过配额交易实现碳排放的定价，以价格信号的市场

激励机制来引导企业减少碳排放。碳交易机制在国际上已有成熟实践，在我国方兴未艾。

中国自2011年开始探索碳市场，2013年各试点碳市场陆续开始了碳排放权交易。2013年8月至2021年11月，地区碳排放权累计成交3.7亿吨，交易金额累计达88亿元，其中广东占比超40%。2020年"双碳"目标提出以来，全国碳市场建设提速，2021年7月16日，全国碳交易市场在上海上线，标志着我国碳交易市场从地区试点走向全国。截至2021年11月11日，全国碳市场累计成交量2 344万吨，累计成交金额10.4亿元，成交均价47元/吨。我国通过碳交易手段，一方面，实现了对碳排放的定价，从排放角度形成对企业的成本约束，促进高耗能企业节能减排；另一方面，激发了环保行业发展动能，节能环保、新能源等行业获得重大发展空间。但是，我们需要意识到当前国内的碳市场正处于发展初期，与海外成熟市场相比仍有一定差距，需要金融机构在交易基础设施、交易定价、做市和流动性提供等方面发力，充分参与碳市场交易和建设，提升市场流动性和定价效率。

**2. 绿色金融引导投融资向低碳领域倾斜**

绿色金融即以金融手段支持环境保护、应对气候变化和促进资源高效利用，可为"双碳"目标提供"血液"与动力。我国已基本建立绿色金融产品和市场框架体系，包括绿色贷款、绿色债券、绿色基金、绿色保险、环境权益交易等，其中绿色贷款和绿色债券发展迅猛，居于世界前列，绿色基金、绿色保险和环境权益交易等正逐步探索成型。

首先是绿色贷款方面，我国绿色贷款余额连续多年位居世界第一，清洁能源产业 2020 年年末贷款余额首次突破 3 万亿元，已超过同期主要高耗能领域的贷款总量。绿色贷款不良率低于银行业贷款不良率 1.6 个百分点，保持在 0.5% 以下。

其次是绿色债券方面，截至 2020 年年末，国内累计发行绿色债券约 1.2 万亿元，规模位居世界第二。约 90% 的绿色债券发行期限均在 3 年以上，期限结构较优。据央行初步测算，每年绿色债券募集资金投向的项目可节约标准煤 5 000 万吨左右，相当于减排二氧化碳 1 亿吨以上。

再次是绿色基金方面，对于环境更加重视的 ESG 投资蔚然成风。根据《中国责任投资年度报告 2020》统计，截至 2020 年，A 股共有 52 只泛 ESG 指数，相关指数收益率和稳定性表现良好。可统计的泛 ESG 公募基金数量达到 127 只，规模约占市场所有股票型基金和混合型基金的 2.16%。涉及 ESG 理念的理财产品大量涌现，共有 10 家商业银行或理财公司推出 47 只泛 ESG 理财产品，规模已经超过 230 亿元。

最后，绿色保险和环境权益交易等方面均在探索中不断前进。绿色保险是指以保险支持绿色发展，我国已推出环境污染责任保险、巨灾保险、绿色建筑、绿色农业保险等。环境权益交易是指以基本环境权益为对象进行买卖,以对其进行合理定价。除了碳排放权,我国还开展了用水权、用能权、排污权等交易试点。

**3. 财政和货币政策支持并规范绿色产业发展**

除市场机制,财税价格政策、货币政策也是促进"双碳"目标实现的重要手段。近年来,国家财政对生态环境保护工作的支持力度逐年加大,2016—2019年,全国节能环保财政支出2.4万亿元,这些财政投入引导大量的社会资本参与到各地生态环境保护工作中。2007—2019年中国节能环保公共财政支出走势如图9所示。除直接财政支持,价格税费政策改革也在不断

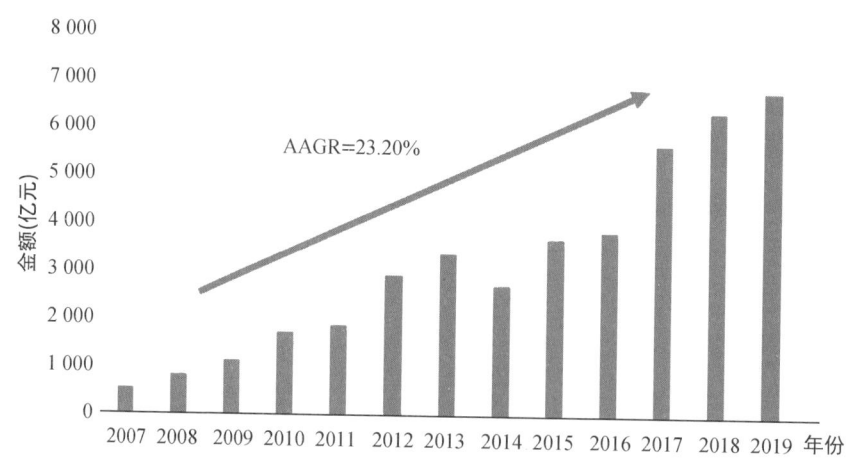

图9 2007—2019年中国节能环保公共财政支出走势

资料来源:Wind,国泰君安FICC碳金融。

推进，《关于创新和完善促进绿色发展价格机制的意见》提出，完善差别化电价、分时电价和居民阶梯电价政策，严禁对高耗能、高排放、资源型行业实施电价优惠，通过差别电价政策引导产业结构低碳转型。此外，相较于碳交易市场，我国碳税政策的发展则较为滞后，虽然早在2007年我国国务院就已经提出了碳税政策的构想，之后该政策的发展却一直停留在理论层面，而全球目前已经有35个国家开始实施碳税政策，例如，英国、日本、法国、荷兰、德国等。从实施效果来看，碳税的覆盖面更广、更为公平，且在我国国情下，开征碳税具有立法效力更高和征收更为灵活的独特优势，未来有望加速。

此外，政府还通过货币政策支持低碳减排领域。2021年11月8日，人民银行创设性地推出碳减排支持工具，重点支持清洁能源、节能环保、碳减排技术三个碳减排领域。"先贷后借"的直达机制，对金融机构碳减排贷款按贷款本金的60%提供资金支持，利率为1.75%，期限为1年，可展期2次。人民银行通过碳减排支持工具向金融机构提供低成本资金，引导金融机构在自主决策、自担风险的前提下，对碳减排重点领域内的各类企业一视同仁，提供碳减排贷款。碳减排支持工具将发挥政策示范效应，引导金融机构和企业更充分地认识绿色转型的重要意义。

## 四、"双碳"目标对资本市场影响深远

资本市场在构建绿色低碳循环发展经济体系中发挥着重要的作用,"双碳"发展趋势必将给资本市场带来深刻的影响,主要体现在以下四个方面。

(1)"双碳"目标的实现存在较大的资金缺口,根据央行的测算,2030年前碳减排需每年投入2.2万亿元,2030年至2060年每年需投入3.9万亿元,共计需要100万亿至200万亿元的资金。因此需要建立与碳减排相关的投融资体制机制来加以支持,这将大大激活资本市场的直接融资功能,进一步促进资本市场发挥资源配置的优势。

(2)"双碳"目标将深刻影响资本市场的定价估值体系,资本市场将不断促进绿色价值发现、绿色投资实现。未来的投融资模型中,低碳将成为一个重要的定价因子,资本市场的定价估值体系将面临重塑。从股票二级市场来看,"双碳"目标对资本市场的影响已经非常显著,2021年年初以来沪深300指数累计下跌了5%,而新能源指数却累计上涨了60%。

(3)"双碳"目标将加速落后产能退出和"洗绿",绿色低碳转型可能伴随部分领域的风险释放,资本市场需充分发挥风险管理功能,确保安全降碳。

(4)"双碳"目标所代表的创新发展模式,需要企业转换经

营理念,具体包括商业文化(价值理念)、战略规划、组织架构和商业模式的转变。对上市公司的投资除了关注传统的财务经营指标,还需纳入"低碳"评价要素。ESG 作为一种关注环境、社会和公司治理的投资理念和企业评价标准,已经渗透到金融机构的商业活动之中,ESG 投资方兴未艾。

## 五、资本市场助力"双碳"目标实现

在良好的制度设计之下,资本市场可以有效促进中国"双碳"目标的达成。下面我从绿色金融、产业基金、风险管理、财富管理等一系列角度简单分析资本市场如何推动中国"碳达峰碳中和"的实现。

第一,通过产品创新满足绿色投融资需求,同时助力碳交易市场发展。在 IPO 和再融资业务中,需要积极挖掘节能环保、新能源等行业潜力,促进低碳行业发展,同时继续加大对绿色债券的发行支持,大力发行"碳中和"主题债券,助力中国减碳提速和能源结构转型。此外,我国碳市场目前的金融化程度总体偏低,还不能有效满足控排企业的碳资产管理需求。在一级市场上,针对有配额年度清缴、定期核算需求的重点排放单位,券商可以帮助相关企业进行配额申报、初步核算等工作;在二级市场上,券商可以通过提供或者购买客户的碳配额或 CCER 资源,协助客户寻找交易对手,撮合二级市场的协议转让,帮助控排企业完成减排目标。

第二,积极发展与培育绿色产业基金,以政府资金撬动民间资本,为绿色产业提供长期资金。"双碳"目标对国家及企业都具有很强的正外部性,民间资本会受投资规模大、回报周期长、风险较高等影响而降低投资意愿,以绿色产业为主题的产业基金将发挥重要作用,尤其是政府投资基金可以起到充分的引导作用。政府让利、母基金架构等机制设计,可引导中长期资金流向绿色产业领域,助力"双碳"目标实现。2020年7月,财政部、生态环境部、上海市共同发起国家绿色发展基金,目标规模为885亿元,地方层面的百亿绿色产业基金相继推出,资本市场可以在基金设立、资金募集、投资管理、信息披露等方面进行进一步规范,为产业基金提供制度沃土。

第三,做好"双碳"目标下产业链、新技术的研判,辅助相应的评估与能源转型的风险管理工作。"双碳"目标涉及面广,绿色产业体系庞杂,作为资本市场重要的主体,首先,证券公司应依托对市场的前沿跟踪、调研、分析,形成对绿色产业链、行业技术等的快速响应,做好项目的风险评估和收益判断,提供投融资过程中的风险防范策略,更合理更快速地引导资金流向,辅助能源结构转型更平稳地实现。其次,资本市场应为能源转型过程提供更多的风险对冲工具。我国当前正面临能源体系变革,其中蕴含着一定的风险,特别是传统大宗品价格的短期波动，需要充足的衍生品为企业经营者、投资者进行风险对冲。资本市场在追寻收益回报的过程中，更应提供切实辅助，做好能源产业链转型的风险管理工作。

第四，资本市场应将"双碳"目标融入财富管理，为"碳中和"做好普及，做"共同富裕"与"碳中和"战略的重要纽带。基金公司、资管公司等应积极开发优质"碳中和"主题投资产品，如与交易所、指数公司联合开发"碳中和"主题指数和 ETF（Exchange Traded Fund，交易型开放式指数基金，又称交易所交易基金）产品，从而与投资者分享"双碳"战略红利。具备综合金融服务能力的券商，除了为客户的"碳中和"基金提供募集、研究、退出等综合服务，还可以与机构客户携手设立"碳中和"基金，投资"碳中和"相关标的资产，拓展"碳中和"产业链上下游战略布局，既为实现国家"双碳"目标贡献力量，又为投资者提供减碳过程中的丰厚收益，形成"碳中和—共同富裕"两大政策导向的良性循环，为实现中国的高质量发展全面助力。

## 六、国泰君安积极践行落实"双碳"目标

为助力中国经济实现高质量发展，国泰君安于 2021 年 5 月率先发布了《国泰君安践行碳达峰与碳中和行动方案》。

绿色融资方面，国泰君安持续深耕低碳环保、新能源产业，

投行、资管等业务涵盖了生态环保、环境治理、风力发电、氢燃料电池等多个重要产业领域。2016 年至 2021 年 6 月末，公司累计协助上述业内企业完成境内外绿色债券融资约 2 500 亿元、绿色股权融资逾 200 亿元、绿色基金规模超 100 亿元。2016 年以来，国泰君安参与绿色债券相关投资交易规模累计达 668 亿元。

绿色投资方面，国泰君安助力客户参与低碳绿色产业上市公司投资，累计规模达 8 亿元；国泰君安设立近年唯一券商系市场化母基金，重点聚焦环保新能源等战略新兴产业；通过境内外私募股权投资及战略配售参与光伏发电、污水处理、废气处理、清洁能源、智慧出行等领域项目超过 10 亿元。

绿色基金方面，2016 年以来，公司引入了 26 只市场领先的绿色低碳主题公募基金产品，国泰君安资管累计发行 6 只绿色资产证券化产品，国泰君安国际发行支持绿色金融的资管产品共 12 只，华安基金累计发行了 3 只绿色低碳主题基金，合计发行规模超 100 亿元；为 5 只绿色环保主题私募基金提供资产托管外包服务。

碳金融方面，国泰君安早在 2014 年就成立了富有国际碳交易经验的碳金融专业团队，前瞻性布局并持续耕耘。公司主要参与上海、广东、北京、湖北等试点碳配额和 CCER 的自营交易并向市场提供流动性，服务水泥、发电、钢铁等排放企业的碳交易需求。截至 2021 年 10 月，国泰君安累计参与碳交易市场的成交量 5 000 万吨，成交额约 10 亿元人民币，占所参与市场约 8% 的份额，是重要的交易定价机构，对于激发市场活力、碳价信号的传递起到了积极的促进作用。国泰君安已签署的 CCER 开发交易项目覆盖可再生能源、甲烷利用、森林碳汇、碳普惠等类型，与电力央国企、新能源上市公司、林业等部门和行业均有广泛合作，CCER 签约量约为 500 万吨/年。

"双碳"目标下的发展趋势与思考是一个宏大的话题，但"不积跬步，无以至千里"，每一个时代华章的开启都需要领路人坚定稳健地迈出第一步。基于清晰的路径规划、完善的制度设计，以及券商等金融机构的通力协作，我们相信中国的"双碳"目标一定会顺利达成，彼时中国的高质量发展将不再只是一个美好愿景，而是全球经济舞台上的一抹亮色。

国泰君安副总裁　罗东原

# 第二篇

## 低碳发展：
### 会计体系优化

# 一

# 从国际财务报告准则到国际可持续披露准则

——最新发展、基本构想和面临的挑战

2021年11月3日,国际财务报告准则(International Financial Reporting Standards,以下简称IFRS)基金会宣布正式成立国际可持续发展准则理事会(International Sustainability Standards Board,以下简称ISSB),制定与国际财务报告准则并行的国际可持续披露准则(International Sustainability Disclosure Standards,以下简称ISDS)。本文就相关最新发展、基本构想及可能面临的挑战进行分析。

## 一、最新发展

传统上说,IFRS基金会以及下属的国际会计准则理事会

(International Accounting Standards Board，以下简称 IASB）重点服务对象是金融市场，尤其是资本市场的投资者和债权人，主要针对上市公司和金融机构提供财务报告信息。财务报告的目标是帮助投资者和债权人评价企业价值和管理层履行受托责任的情况，以作出资本分配决策。而近年来，全球开始强调可持续发展，掀起可持续发展理念投资的热潮。为了适应这种需求，各种制定相关准则的机构和框架纷纷成立。总体上，这些机构和框架之间缺乏协调，也缺乏各国政府及多边国际组织的全力支持。

2020 年 9 月，IFRS 基金会发出咨询文件，提出成立与国际会计准则理事会并列的国际可持续发展准则理事会（ISSB），专门制定国际可持续披露准则的建议。这得到了金融稳定论坛、国际证监会组织、G20 峰会财长和央行行长会议等的强力支持。经过一系列的运作，2021 年第二季度，国际财务报告准则基金会章程的修订建议提出。2021 年 11 月 3 日，IFRS 基金会在第 26 届联合国气候峰会上正式宣布成立国际可持续发展准则理事会（ISSB），可见整个事件发展的速度是非常快的。

## 二、基本构想

首先，IFRS 基金会确立了一个前提，即当前全球投资者更加需要更多且可对比的可持续发展信息，以评估标的可持续性风险和机会，做出有根据的投资资源分配决策。

其次，从有关准则的提供方而言，IFRS 基金会认为自己处于相对较好的地位，适合整合各方面的倡议。这是因为 IFRS 基金会有以下几个优势：①近 50 年的准则制定史。②20 年服务于投资者和其他资本市场参与者的经验。③已经建立了完善的治理结构、应循程序等一系列全球准则的制定模式。④所制定的国际财务报告准则已获各国政府和多边国际组织的支持，为世界大多数国家和地区所采用。

最后，IFRS 基金会提出，新成立的 ISSB 今后的工作重点将是图 1 中第二块内容，即着重与可持续性相关的财务披露，主要服务于投资者，报告增强和削弱企业短、中、长期价值创造的与可持续相关的因素。最底下一块内容是传统财务报告准则所涵盖的，也是 IASB 过去 20 年来的职责范围。最上面一块内

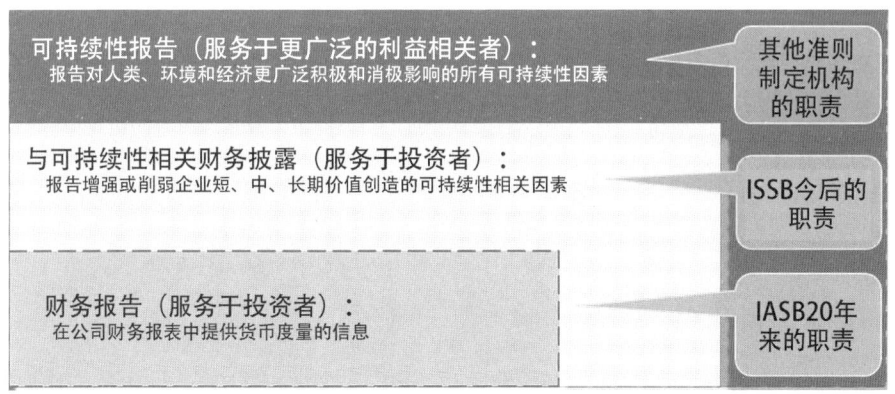

图 1　ISSB 今后的工作重点

容是服务于广泛的利益相关者的可持续性报告,包括对人类、环境、经济等有更广泛的积极和消极影响的所有可持续性因素。根据 IFRS 基金会建议,新成立的 ISSB 目前不做拓展,而是着重建立与气候相关的信息披露准则,以后再逐步地把工作推向其他投资者所需要的与可持续性披露相关的环境、社会责任、治理等因素,比如 ESG 信息披露准则的制定。

## 三、面临的挑战

个人认为,构建国际可持续披露准则走在正确发展方向上,各项工作也正在快速进行,但必须意识到新成立的 ISSB 面临着各种各样的挑战和新问题。下面将从大国博弈、日常运作、导向之争、财务与非财务信息的关系以及准则能否被各国采纳等五个方面进行分享。

### (一)大国博弈

首先,IFRS 基金会新闻稿指出,ISSB 工作将在世界多个办公点展开,这表明相关大国实际上是在还没有就新机构的主要运作地、关键人物安排、治理结构、资金来源、技术导向等方面充分达成共识的前提下,匆匆忙忙地在联合国气候峰会上宣布成立国际可持续发展准则理事会(ISSB)。

其次,IFRS 基金会新闻稿还指出,其已经与气候披露准则理事会、价值报告基金会达成协议,将两个机构的技术专家、工作人员以及其他资源与基金会进行整合，同时参照这两个机构及气候相关财务信息披露工作组（TCFD）等框架展开 ISSB 制定工作。这表明，ISSB 正朝着以美国为主，由美英两国主导的方向发展。但问题在于，从 2012 年开始，美国已经放弃了与国际财务报告准则趋同的方针，美国对 IFRS 基金会的捐款也非常少。在这种情况下，美国将如何重新主导新成立的 ISSB，以及整个国际财务报告准则基金会的工作，甚至会不会实际上是把 IFRS 基金会一掰为二？

再次，IFRS 基金会的新闻稿提到，新的主席、理事会的办公地点将在法兰克福，这可能意味着新的主席会来自欧盟，但如果英美特别是美国又想主导的话，来自欧洲的新成立的委员会的主席会不会真有实权？再加上英国已经脱欧，欧盟会不会真的愿意与美国英国紧密合作，这也是一个很大的疑问或者挑战。

最后，IFRS 基金会新闻稿还提到，发展中国家和新兴经济体的参与将成为新成立的委员会优先考虑的重要事项，同时 IFRS 基金会也将继续讨论在亚太地区比如中国北京、日本东京设立办公室的提议。无论是从发展中国家和新兴经济体的参与考虑，还是从地区代表性角度考虑，中国作为基金会单个国家的最大捐款方，同时也是全球减排的决定力量，理应成为新成立的 ISSB 的关键分子，但是整个西方尤其是美国是否愿意让中国扮演关键角色，是一个值得怀疑的问题。

总之，大国在 ISSB 基本安排上，可能仍有一段时间的激烈博弈。当下与 2001 年国际会计准则委员会成立时，甚至与 2008 年金融危机时不同，西方与中国之间、西方主要国家之间矛盾重重，关系紧张而且复杂，逆全球化的趋势明显。在这样的背景下，围绕成立 ISSB、围绕制定国际可持续披露准则的较量仍将继续。

(二) 日常运作

从 2001 年成立起，IFRS 基金会、IASB 以及其他相关机构，包括技术和行政队伍都在伦敦总部办公运作。而过去 20 年来，新成立的地区准则制定机构组织，比如说欧洲的 EFREG、亚太地区的 AOSSG、拉丁美洲的 GLASS 等都完全独立于 IFRS 基金会。2012 年在日本的主动要求下，IFRS 基金会在东京曾设立了一个地区办公室，但是因为定位不清，经费没有保障，也难以招聘到合适的人，最终成为食之无味、弃之可惜的摆设。因此，根据 IFRS 基金会的新闻稿，新成立的 ISSB 将在世界多地办公，究竟日常如何运作仍存在问题。

具体而言，如果是完全整合在一起的机构，分散运作可能将面临法律地位、人员招聘、税收、日常协调等一系列问题，也肯定会大大增加成本。若这样，如何保障经费来源？

如果是不完全整合，气候披露准则理事会、价值报告基金会及其所属的国际综合报告委员会和可持续核算准则委员会等机构只是友情相助，那么持久性会如何？

另外，目前气候披露准则理事会、价值报告基金会及其所属的国际综合报告委员会和可持续核算准则委员会，仍然作为独立机构继续制定相关准则，那么 ISSB 的权威性如何建立？制定出的 ISDS 可接受性如何？

**（三）导向之争**

全球在 ESG 可持续发展和披露方面一直存在基本导向之争，即到底是投资者导向还是多元利益相关者导向。

欧盟一直主张多元利益相关者导向，而且欧盟财务报告专家组（EFREG）制定相关准则的计划，也基于这一导向。

而美国会计准则制定一直在美国证监会的职权范围内，美国长期以来一直主张会计准则要坚持投资者导向，20 年来国际财务报告准则也一直如此。从 2020 年 IFRS 基金会开始征求意见起，美国仍然坚持投资者导向，而且美国证监会委员所表达的意见，也不主张成立新的国际可持续发展准则理事会（ISSB）。IFRS 基金会最终为 ISSB 确定的导向，也是投资者导向。从抓住重点顺利起步的角度考虑，投资者导向是有道理的。但欧盟以及其他主张多元利益相关者导向的人是否会被接受？是否会产生 ISSB 与欧盟各走各道的结局？

**（四）财务与非财务信息的关系**

长期以来，相关方面一直有财务信息与非财务信息的关系之争。IASB 以及各国会计准则制定机构的工作重心是财务信息，具体而言就是基本财务报表信息。

而 IASB 在非财务信息方面，比如说管理层讨论和分析方面的努力一直不那么成功。成立 ISSB 以后，国际财务报告准则和国际可持续披露准则的界限如何划分？国际会计准则理事会和国际可持续发展准则理事会（ISSB）又如何分工？两个机构以及全球各相关机构应如何分工协调？都将成为挑战。

在这方面，一种观点是，国际可持续披露准则主要涉及非财务信息，也不受复式记账、财务报表勾稽关系、货币计量等会计假设的限制。

另一种观点是，尽可能将 ESG、可持续信息货币化与财务信息紧密地联系在一起，甚至成为基本财务报告的组成部分。比如哈佛大学的专家正在研究，创建称为"影响力加权会计倡议"（Impact-Waighted Accounts Initiative）的理论和方法体系。

所以，基于国际财务报告准则的财务信息与基于国际可持续披露准则的非财务信息究竟是相对独立为佳，还是紧密联系在一起为好？什么对投资者更有用？这是一个疑问。另外，将基于国际可持续披露准则的非财务信息货币化，意义有多大？可操作性如何？特别是可靠性有多高？也是一个疑问。再者，如果真的要把以国际可持续披露准则为基础的信息货币化，并将其与以国际财务报告准则为基础的信息整合在一起，还有没有必要从一开始就提出成立一个独立于国际会计准则理事会的国际可持续发展准则理事会（ISSB）？

**（五）准则能否被各国采纳**

1999 年春天，我在葛家澍老师组织下，于杭州举行的中国会计学会会计准则和会计基本理论研究组会议上发言，分析当时全球正酝酿着将原来的国际会计准则委员会改组为国际会计准则理事会的动向。该发言后来整理成文，以我和自己博士生李东平的名义，发表在 1999 年第 8 期《会计研究》上，题目是《围绕国际会计准则前景的较量和对策》。文章指出，世界最不希望看到的一个结局是主要国家（主要是指美国）推动制定国际会计准则，并要求其他国家采纳，但自己却不采用。

在 2001 年成立以后的 10 多年中，主要因为以下三个里程碑意义的事件，国际财务报告准则成为全球普遍采用的会计准则：第一，2002 年欧盟决定，从 2005 年起，欧盟各国上市公司全部按照国际财务报告准则编制合并财务报表，2003 年澳大利亚、中国香港、南非也决定这么做；第二，2005 年中国开始制定与国际财务报告准则实质趋同的会计准则，并从 2007 年开始在上市公司当中采用；第三，2007 年美国证监会决定其他国家（地区）的公司可以按照国际财务报告准则向美国的投资者提供财务信息，而且不再需要提供会计准则差异调节表。

美国曾是国际会计准则趋同的主要推动力量，也曾有放弃本国准则的路线图，但是美国在 2012 年放弃了这一目标和方针。而根据美国一贯的政策，尤其是美国在国际财务报告准则上的表现，很难估计美国会不会采纳由新成立的 ISSB 制定的国际可持续披露准则，或将这个准则纳入美国资本市场信息披露体系。

如果 ISSB 实际上为英美尤其是美国主导，而欧盟与 ISSB 特别是与英美之间，在投资者或者多元利益相关者导向问题上难以达成一致意见，也很难估计欧盟是否会放弃自身制定的可持续披露准则，而采用国际可持续披露准则。因此，在美国和欧盟从一开始都难以清楚地表明是否采用国际可持续披露准则的情况下，ISSB 不知道怎么样来推动全球其他国家采用国际可持续披露准则。相似的一点是 IASB 在 2001 年成立的时候，毕竟继承了国际会计准则委员会从 1973 年起制定的一整套国际会计准则。而 ISSB 尚没有自己制定的准则，气候披露准则理事会、国际综合报告委员会和可持续核算准则委员会，会将自己过去制定的准则拱手相让吗？如果这些机构仍保留甚至制定自己的准则，ISSB 能否很快形成自己的准则体系供各国采纳，就成了一个很大的疑问。

综上，首先，从聚焦企业股东价值向关注企业社会价值转变是一个重大而且正确的发展动向。当前最迫切的无疑是企业发展的可持续性问题，尤其是企业发展对气候的影响。

其次，将IFRS基金会作为制定全球相关准则的基本平台，也可能是一个明智的选择。

最后，根据IFRS基金会的新闻稿，大国之间就新成立的理事会如何制定准则等重大方面，仍然没有达成一致意见，提出的机构设置和运作方案目前也很难操作，究竟未来发展如何，还需拭目以待。

上海财经大学教授　张为国

## 二

# 拥抱变化，促进变革

——专业服务机构如何应对低碳发展的思考

恰逢联合国气候大会刚刚结束、ISSB 刚刚宣布成立之际，上海国家会计学院举办了此次具有前瞻性和时效性的活动。本文陈述的内容是专业服务机构如何应对低碳发展的思考。

## 一、市场环境

首先，对市场环境的思考。恰逢低碳大背景，作为一家专业服务机构，我们真切地感受到专业服务机构因为低碳革命而引领业务发展的巨大潜力。习近平总书记对"双碳"目标的承诺使大家明确了方向，我国将深刻落实并完成"双碳"目标承诺。其次，对专业服务机构的思考。特别是作为一家会计师事务所，近期 ISSB 的成立是里程碑式的事件，我们有理由相信，由具有国际影响力的 IFRS 基金会出面成立的 ISSB 将朝正确的方向发展。基于张为国教授对于各种挑战的描述，我们认为，在现有的资产负债表、利润表、现金流量表以及所有者权益变动表的基础上，将很有可能会出现第五张报表需要企业编制，并需要会计师进行审计。最后，是对安永自身的思考。安永已经达到碳中和，并且我们已经达成碳负值，除了上述原因，还有两个原因：一方面是作为会计师事务所，我们肩负着巨大的社会责任和资本市场的诚信责任，这份责任所诠释的长期价值与可持续经营的步调保持一致；另一方面是来自我们员工的要求，会计师事务所的员工大部分很年轻，年轻一代对这件事情保持着非常正面的看法，他们希望我们的企业履行更多的社会责任，为社会做出更多的贡献。至今安永领导层已收到很多邮件，我们被要求在这方面有更多的贡献。对于内部员工，公司在这方面的突出贡献会对员工流失率起到积极的改善作用，同样，也能够吸引更多的外部人才。

全球监管机构愈发看重非财务信息的披露。如今全球存在众多监管机构，其中欧盟和英国已经出台相应的披露要求以及审计要求，美国也已订立了一系列的披露要求，中国大陆两大证券交易所已于 2018 年编制了草案，原计划于 2020 年实施，但由于新冠肺炎疫情等诸多因素暂未正式实施。最近一年半，中国大陆两大证券交易所共举办了超过 5 场培训班，预计中国大陆两大证券交易所将很快出台非财务信息的披露要求。

低碳经济的发展对碳会计提出了众多具有挑战性的要求，全国碳交易市场在历经了 7 个城市的试点交易后，已于 2021 年 7 月正式成立。全国碳交易市场的成立对碳计量、碳核算以及碳会计的处理提出了较高的要求。我们认为碳会计的最大挑战在于如何解决长期价值和财务报表要素所体现价值的矛盾问题。

安永很幸运，从 2009 年至今，安永碳中和团队已走过 12 年的风风雨雨，主要包含审计、咨询、税务及并购业务，团队规模已达 300 人，仅审计业务就有 150 人。经过十几年的积累，我们已经有能力提供多样化的服务，包括非财务报告咨询、鉴证、气候变化及能源咨询、可持续供应链咨询，以及环境、健康与安全影响评估。

## 二、安永专业实践

在 12 年的专业实践中，我们经历了三个阶段。第一个阶段是举步维艰的阶段，刚成立这个团队的时候，我们只有 9 位专业服务人员，客户数仅为个位数。接着我们又经历了看到曙光不断发展的第二个阶段。如今是爆发性增长的第三个阶段，在这个阶段里，我们发现"双碳"政策的落实以及碳会计在国内外都存在很多挑战。

第一个观察，资本市场对非财务信息的关注度越来越高，企业和专业服务机构是否有能力应对这方面的挑战是非常关键的。根据安永全球市场调研结果，如今只有2%的投资者极少关注ESG信息，91%的投资者表示非财务信息的披露在过去一年的投资决策中经常或偶尔起到了关键作用。投资者会用更加严格和专业的方法来评估ESG信息。2020年，72%的投资者表示会对ESG信息进行结构化、有条理的评估，这一数量远大于2018年时的32%，这些投资者包括专业投资者、券商类的研究机构。目前采用非正式评估手段的投资者中39%的投资者表示未来2年内会用更专业的评估方法对ESG信息进行评估，这将为我们带来更大的挑战。

第二个观察，中国仍缺少明确的ESG标准，这也导致了中国企业在国际ESG评级中表现不佳，在我们服务的众多客户中，他们的ESG评级起初都不高，中国企业在目前有影响力的ESG指数评级MSCI ESG评级中大部分为BBB、BB、B、CCC，跟国际同行相比存在较大的劣势。由于估值的原因，大型投资基金配置将会优先考虑ESG评级较高的公司，这一现象与国泰君安罗东原副总裁的观点不谋而合。另外，中国企业不熟悉国际游戏规则，例如MSCI ESG评级指标设立的标准。同时，我国企业缺乏系统的ESG内控治理结构和制度。总体来看，我国ESG状况需要不断改善。

第三个观察，目前非财务信息与财务信息正处于脱钩的状态,ISSB将可能以改善该情况为前提制定相关准则。如何将ESG所代表的长期价值与财务信息所代表的历史价值相结合,以及各类相关无形资产的价值体现和评估都将是我们未来面临的挑战。同样,这对会计提出了挑战。纵观碳会计发展史,共出现四种处理方法,包括我国的暂行规定、已经被废行的IFRIC3的讨论稿、混合法以及净负债法,目前仍未统一会计处理方法。从会计上来讲,需要完善三个方面:①碳排放经济后果,经济后果是资产和负债;②需要处理好资产和负债导致的损益变化的不匹配性,不匹配地处理资产和负债所产生的不匹配的损益会对投资者造成困扰;③处理好跟现有准则的衔接问题。碳排放的长期价值属性与现有准则存在一定区别,这方面我们期待各界能够出现创新性和革命性的做法,制定出符合人类社会长期价值的会计准则。

第四个观察,非财务信息包括ESG信息鉴证的可靠性有待商榷,我国目前只有不足30%的上市公司披露了ESG报告,但是其中已审计报告不足40%,已审计报告中不足60%经过专业审计机构鉴证。健康的市场必须有高质量的鉴证机构,希望各业内人士、各市场的参与方以及监管机构对此予以关注。

第五个观察,相关人才的缺失。人才的缺失是多方位的,包括企业内部人才、大学专业人才、第三方从业人员以及监管人才。人才的缺失同样给了我们一个机遇,合理情况下,10名会计人员中应该有 2~3 名 ESG 人员，按照现有的十几万注册会计师数量，我们应该有 2 万到 3 万名 ESG 人员，这将是一个大机遇。

### 三、对未来的展望

首先，各专业服务机构，特别是会计师事务所应该抓住 ISSB 成立的机遇，与企业一起共同开发解决方案，助力中国低碳经济发展。我们应该将 ESG 发展与企业战略融合，构建顶层引领理念，搭建企业 ESG 治理，同时匹配企业内部制度，保障实施落地。浪潮王兴山总裁提出企业需要搭建 ESG 信息管理系统，这与我们的观点不谋而合，企业目前正在经历两个变革，数字化转型的变革与可持续发展的变革，数字化的同时需要可持续化，而做到两者兼顾，信息管理系统的建设不失为一条良策。中国企业不能因为 ESG 评级劣势的客观原因从而在估值上吃亏，我们在可持续地设定 ESG 目标的过程中，要不断完善目标，实时监控完成情况。关于"双碳"鉴证服务，针对审计第五张会计报表提供增信和咨询服务。现如今主流观点特别是欧盟和其他监管机构的观点是要从有限的审阅意见变成合理保证的审计意见，也就是说将会多一张报表要审。

其次，应该拥抱监管，加强与监管机构的合作，为监管机构提供全球性视角及本土洞察。安永在这方面做了很多工作，我们与财政部在世界银行项目中分享关于 ESG 披露国际实践和本土洞察的情况；与中国注册会计师协会合作，参与了多层次人才框架设计中有关 ESG 相关人才培养章节的编写；和中国人民银行实现合作，为绿色金融产品政策制定提供专业意见；和我国的证券交易所合作，为交易所提供关于 ESG 标准制定的建议，同时作为交易所 ESG 培训演讲嘉宾，协助企业理解和解读 ESG 相关指引。

最后，专业机构应该积极推进与市场各方合作，形成生态圈。本次由国家会计学院作为牵头人，企业、各信息提供商、券商、会计师、投资机构等共同出席的论坛将会是开启该生态圈的新起点，未来将会有交易所、社会组织、学术机构以及更多的企业加入，市场各参与方会形成良好的生态，从而更好地发展。

我们深信在这个时代里，数字化转型与可持续化转型将是我国企业与经济发展两大引擎，也是专业服务机构的巨大机遇，这将为现有市场带来 20%～30% 的增量，安永非常期待与各位嘉宾以及各市场参与者一起合作！

安永华明会计师事务所（特殊普通合伙）首席合伙人　毛鞍宁

# 三

# "双碳"背景下的管理会计体系创新

"双碳"目标的提出是我国履行大国责任、体现大国担当和坚定走可持续发展道路的具体表现。"双碳"背景下,围绕碳排放而产生的一系列变革,将带来从社会到企业、到企业管理、再到企业管理会计的全面影响。本文将从"双碳"背景下管理会计发展的相关影响因素、对管理会计的新需求以及以数据驱动为主要抓手助推管理会计赋能低碳发展三个方面,探析"双碳"背景下的管理会计体系创新。

## 一、"双碳"背景下管理会计发展的相关影响因素

### (一)直接因素

"双碳"背景对企业影响最直接的是碳交易从试点到全国统一运行。碳交易市场有序推进使碳定价、碳投资、碳金融逐步成为可能,企业将需要考虑碳排放的相关要素确认和交易,碳

排放配额的节省出售和购买将直接影响到企业的收益和成本。

由于我国产业结构偏重，能源效率偏低，低碳发展将对整个成本全链条产生影响。2021年后半年，我国煤炭价格的暴涨、天然气价格的上涨，不完全是"双碳"的影响，但"双碳"目标这个趋势在里面发挥了很大作用。可以预计，为了实现低碳目标，企业全价值链及全供应链成本管理受到的冲击是非常深远的。"绿色"是昂贵的，没有便宜的"绿色"，所有的降碳减排都要花费成本，不管是开发新技术还是新能源。由于之前火力发电不用支付环境成本，光伏发电、风力发电的成本比煤炭高很多，但现在随着煤炭价格暴涨，能源企业被迫转型，这将对用能企业产业链及供应链产生巨大影响。

（二）间接因素

未来每个企业在供应链的链条上采购的产品和服务，将会大幅增加对低碳减排方面的考虑。供应商谁更绿色，谁的减排更多，谁就更会得到采购方企业的青睐，而发达国家对于低碳、绿色的更高要求，也会影响到出口企业的供应商选择。同时，绿色贷款、绿色投资等金融方面的改变，也会对整个企业供应链产生非常大的影响。

消费者、客户的低碳生活趋势也会深刻影响到企业。年轻新一代消费者对于气候的变化、对于环境的关注度与日俱增。未来的消费者在选购产品时，也将会考虑商品的绿色程度、带来的碳排放大小，进而引发企业产品结构和商业模式的相应变化。

## 二、"双碳"背景下对管理会计的新需求

### (一)战略层面

对能源企业来讲,低碳转型"双碳"目标会产生生死攸关的影响。以北京能源集团有限责任公司为例,其在 2020 年已经制定"十四五"规划的基础上,2021 年又进行了规划的重新制定。造成这种现象的两个最主要驱动因素就是"双碳"目标和数字化。对于电力企业、煤电油传统能源企业而言,未来 5—10 年、甚至未来 30 年如何进行战略转型是关乎企业存亡的。管理会计必须进行相应调整,才能有效支撑企业战略转型。

低碳发展也将对成本价值链管理提出新需求。战略成本管理、供应链上全成本管理对企业未来的竞争力具有非常重要的影响。在此之前,很多企业主要实行低成本竞争战略,考虑到低碳减排成本,包括投资减排产品、技术革新、支付碳配额等成本,企业以往的成本优势是否仍然存在?企业需要对管理会计成本管控、成本规划、战略成本管理提出更高要求。

### (二)运营层面

首先,在会计核算层面,低碳发展对管理会计提出更直接的要求。从碳核算出发实行减排管理、排放管理,必须要将碳足迹核算清楚。从现有碳排放的共识来看,碳排放核算将分成三类:一是直接排放的核算。二是电、热、冷气等能源消费间接产生的碳排放核算,能源消费导致的碳排放在整个碳排放中的

比重很高，所有企业对电的消耗、对热力的消耗，都会产生大量碳排放，必须制定相应的核算办法。三是对通过购买产品和服务（比如出差乘坐飞机、公务用车等）形成的间接排放的碳足迹，也必须核算清楚。

把三个类别的碳排放都用碳足迹核算清楚，对管理会计将是很高的要求。目前我国政策采用"总排放量＝直接排放＋间接排放－特殊排放量"，其中"特殊排放"是指燃料输出或生产运输能源中被重复计量的部分。在具体执行中，最简单的是采用测量法，即对每个排放口安装一个计量表，但目前技术实现难度较大。当前各碳交易试点地区对碳排放核算更多采用间接法，用能源消耗量乘以系数因子。因为我国电力结构在做重大转型，不同地区新能源的电力供应和煤电比重不一，所以系数因子在未来也是动态变化和存在地区差异的，这就要求管理会计进行更大程度的调整。

其次，需要运用管理会计以核算过程中形成的数据为基础，最后产出报告，充分发挥数据的价值。如管理会计中的作业成本法，碳排放未来跟企业生产工艺密切相关，每个环节的碳排放不一样，不仅仅能源消耗会产生碳排放，很多企业在废物处理时也会产生碳排放。此外，温室气体不仅仅有二氧化碳，还有甲烷、氧化二氮等，各类温室气体从生产工艺角度和能源使用方式角度产生的污染程度不同，真正从数据角度将各类温室气体和排放方式核算清楚并进行有效的数据管理，对整个管理会计的体系都是非常大的挑战。

**(三) 应对层面**

管理会计环境受到"双碳"目标的硬约束，将对企业经营环境、成本压力产生实质性的影响，从而导致管理会计的规划、决策、控制评价都要融入碳的因素。

就管理会计的七个应用领域而言：①战略管理领域，对能源企业来讲，低碳转型是生死攸关的战略话题，如何通过战略地图、战略测算、战略模型应用来为企业做量化的一体化的支撑和规划，是管理会计体系创新需要首先考虑的需求。②预算管理领域，需要在预算全程引入碳排放因素。根据国家碳减排规划，每个区域有碳排放配额，企业的年初年末的配额使用和交易计划、节能减排的规划、每年的碳排放递减规划等都要在预算里体现出来。碳预算将成为未来整个企业预算管理的重要主线。③成本管理领域，对企业产生最直接的影响是成本压力。不管是通过技术改造、技术更新减少排放，还是上游供应链因为绿色减碳而新增的采购成本，企业从整个战略成本的管理到运营环节成本的管理，甚至到基于作业成本的管控，都要嵌入碳排放维度。④绩效管理领域，绩效考核里要体现碳减排的完成情况，企业不同的部门、不同的分公司或子公司对碳减排的贡献要在考核中予以考虑。⑤投融资管理领域，金融体系面向绿色、扶持绿色、鼓励绿色，将直接影响企业投融资计划。⑥营运管理领域，很多碳排放是在营运日常过程中产生的。⑦风险管理领域，需要新增对碳排放合规能否按期履行的风险管理。整体来讲，管理会计的七大应用领域都需要将碳排放这一因素深植进去，需要建立碳排放维度并将其作为管理会计体系很重要的维度来考虑。

从信息与报告角度来说，对内来讲企业管理会计报告要将碳排放相关信息、碳相关货币信息、非财务信息体现出来。大量关于碳足迹、碳排放过程的各个方面的非财务信息，将日益成为管理会计报告中很重要的内容。

### 三、以数据驱动为主要抓手助推管理会计赋能低碳发展

当前环境下，数字化工具、数据驱动的工具，应该是在未来管理会计赋能低碳发展、促进低碳发展中最主要的抓手。真正要把碳排放的过程核算清楚，明确哪些环节是碳排放的重点，突破口在哪儿，需要基于详细的全过程及全方位的立体性数据，形成以数据驱动从核算到处理、报告、决策支持的全过程。数据中台作为数字化转型中的主流手段之一，可以作为管理会计赋能低碳发展的利器，通过搭建数据中台以下三层框架，从底层数据治理到中间数据平台、从数据建模到前端数据应用，将"双碳"目标、低碳发展融入管理会计体系。

## （一）数据治理

目前，碳核算国家的标准没有统一，间接法系数的确定也有一定难度。通过数据治理可以形成可靠的数据收集、衡量标准，从而实现不同口径数据的可比。到财务会计环节，不同企业不同行业需要做到可比。即使在企业内部，不同环节、不同的产品条线也要形成统一的包含内部数据和外部数据的整个碳足迹、碳核算的标准体系，这都需要依托数据治理。

## （二）平台建设

以数据建模或者利用最新的机器学习智能化模型为核心，通过平台化管理打破数据孤岛，对碳目标、碳交易、碳运营实现一体化管理。碳减排的效率，长期节能的成本收益，以及企业应该实现的社会效益和经济效益，都需要通过建立模型进行分析。通过建设平台，可以依据企业实际情况搭建实现企业社会责任和经济效益均衡的"双碳"目标下的碳排放模型，并基于大数据、人工智能等新一代信息技术手段，实现碳资产盘查、碳目标设定、碳交易、碳管理平台解决方案、碳数据整合、绿色生态构建及长期运营等端到端的一体化，从而赋能战略转型，赋能预算、成本管控、绩效评价。

## （三）智能决策

通过将低碳化的智能解决方案嵌入核心业务及全产业链，可更有效地进行产品组合及运营过程的管理及优化，将有助于长期可持续的发展，并充分释放减碳价值，实现生产信息和反馈控制信息双向流通，从而设计并优化低碳运输路线，减少能源消耗，"虚实结合"地推动行业实现低碳转型与升级。共同开发全新解决方案，旨在在产品设计和生产流程中将可持续性指标纳入价值链和供应链，并对各个运营部门的数据加以整合与分析，帮助企业更有效地进行设计和生产，同时减少浪费，提高产品的可回收性，在加速供应链全面脱碳进程的同时助力企业在万亿循环经济市场中发掘收益。

## 四、小结

无论是对企业、会计、管理会计，还是对全社会，"双碳"目标的影响都是巨大的，低碳发展需要管理会计量化手段作为支撑，管理会计在低碳发展中应用空间很大。未来在整个管理会计体系里，需要将碳排放维度深深植入管理会计体系，可以说，碳排放很大程度上将引起管理会计视角的重要转变。相应地，新的管理会计体系将对会计人员提出更大的挑战并带来更多的机遇，会计人员需要拓展原有管理会计知识，在深入了解人工智能、大数据等信息技术的基础上，掌握碳排放相关知识，成为新一代管理会计人才。

元年科技股份有限公司总裁　韩向东

# 四 会计助力绿色低碳经济发展

本文分为两部分。第一部分为会计和碳中和关系的逻辑思考，重点介绍碳中和为什么和会计紧密相关，从会计视角如何理解碳中和与应对碳中和。第二部分为会计应对，主要从整个会计系统的角度来讨论会计系统如何应对低碳经济发展需求。

## 一、低碳发展与会计

讨论低碳发展与会计的关系，首先需要理解低碳发展的本质。在文章《限制，让公司向新的方向进化》中，我重点提到了 ESG 等各项限制性要求的意义。其中一个观点是，限制不仅仅影响到企业外在行为表现，更重要的是对企业内在发生的改变的影响。如果从整个人类社会发展角度来看，限制会导致两种可能结果。第一种情况是限制会延缓发展或阻碍发展，第二种情况是限制反而促进了社会与企业创新，从而实现了更好的发展。以国家为例，中央电视台拍过一个纪录片，介绍以色列的创新发展，在中东地区自然条件不是很好的情况下，以色列通过创新发展成为全球创新中心，地理环境资源的限制反而激发了以色列的创新潜能；我们的邻国日本，在资源方面并不是特别充沛，但它曾经是 GDP 排名世界第二的国家。低碳经济发展是对整个人类社会提出的拷问，本质上这是人类发展赛道的切换，我们需要切换到新的发展赛道，按照新的游戏规则去生产和生活，这必然会给我们自身传统的生产和生活方式带来变化，变化的同时我们实现了自我升级和高质量发展。因此低碳经济发展既是挑战也是机遇。

　　限制有双重意义，对中国的意义又很独特。在此，我们从资源和能力两方面来讨论。资源是你拥有什么，能力是你成为什么。很多国家依赖资源发展，但资源是外在视角，取决于地理位置和天赋；能力则不同，是一种内在表现，和事物本身融为一体。低碳经济发展的实质是让一个国家从资源导向为主，转向以能力为主，这个国家最可能就是中国。中国虽然资源并不算丰富，但具有强大的制造能力，可以将风能、光能、水力等转换成新能源电力。从这个角度来看，中国有这样的机会。我们以前都是看你拥有什么，未来是看依靠能力将自然界中普遍存在的能量进行转换的实力，我们能不能把对中国的挑战变成巨大的机遇，这是非常关键的一步。

低碳发展对国家、对社会、对企业，包括对每个人，都提出了非常明确的要求，未来不仅是企业，可能每个人的消费习惯都会发生变化。为进一步推动低碳发展，中共中央、国务院连续发了两个重要文件，对我们国家如何系统实施低碳发展提出了明确的战略要求。文件内容主要集中在产业结构、能源结构、创新技术，碳核算与监测，各行业的发展等方面，里面并没有提及会计。问题是会计在这个过程中扮演什么角色？国家目前的政策制定比较关注宏观，但宏观政策和微观企业行为之间不是割裂的，应该有相应的传导机制，会计在这个传导机制中能发挥非常重要的作用。会计在可持续发展、包括环境方面早就有所研究，但无论是环境会计还是社会责任，都跟现在ESG包括碳排放有非常大的区别，"责任"英文——Responsibility，强调主动式回应，还有一个词语"Accountability"，则有量化、问责的含义。从社会责任CSR到ESG，有一个本质的变化，是企业从主动到被动、从软的定性到硬的定量过程。这种责任的追究跟会计中的受托责任、考核、量化紧密相关，不是企业是否主动要做，而是现在强制对企业进行考核。无论是环境会计还是社会责任的概念的变化，都反映了要把更多表外没法量化定性的东西逐步和责任挂钩、和考核挂钩，要纳入表内。对于如何纳入表内，碳排放和其他环境会计处理不同，碳排放有碳市场，碳市场有碳价格，一种算法是衡量排放多少碳，这是物理核算。还有一种算法是货币计量的核算，这两种算法要打通。一方面要核算排了多少碳，另一方面要将其转成经济行为，为什么是经济行为？这里有一个很重要的概念——现在碳排放的逻辑，跟原来碳环境会计有很大差异。传统的环境污染治理主要是政府明令禁止排放；但对于碳问题，政府缺乏更好的信息手段去了解到底谁应该少排放，因此需要利用科斯定理来经济性地解决这个问题，让政府监管转变成市场自愿。科斯是经济学家当中的会计学家，他在1960年提出社会成本问题，利用产权与交易费用理论解释了经济学对待社会成本问题的解决之道，既不是罚款，也不是税收，而是一种自愿交易。在交易成本比较低的情况下，应该让市场自动达成、发现什么样的减排方式成本会更低，而且允许交易。从某种方式上讲，总的社会成本会下降。法律的解决方式和经济学的解决方式逻辑不一样，原来的逻辑是抓住企业有多少碳排放，要么征税，要么减排，在报表中都是出现在负债方面。碳排放在权利方面可以交易的排放权出现在资产负债表的左边，这是很重要的创新，也是用经济学的思路解决碳排放问题的重大突破。因此，货币计量和非货币计量之间就打通了，所以要建立碳市场，形成碳价格。碳方面的研究和会计天然融合在一起。未来大量资金逐步流向减排企业和清洁能源企业，所以需要价格信号引导资源配置，这种经济的手段一定要转换成与货币计量相关，所以会计核算和碳核算必须紧密衔接，会计的作用也自然显现出来。

有经济学家认为企业完全没有必要测量碳排放，因为可以测量间接排放，比如用多少煤、气、油实现间接监测。但这种间接监测并不是好的方法，可能比较适合宏观地区，如国家和城市，但具体对于微观企业个体而言，要想落实排放责任并形成经济成本压力，则必须要用实测法。不是简单测算大体的量，而是要精准、要控制，这种情况下测算方法会发生改变，并和问责相结合。会计有两大核心，首先是资源配置，它跟决策有关；其次是管理和治理的控制，这和问责有关。这两个功能都能够在会计处理中得到很好的发挥，关键是原有会计体系没有把这些因素考虑进来。

## 二、会计的应对

既然低碳发展的一个显著特征就是从政府强制行为转向市场行为和企业行为，我们关注市场行为。财务会计可以引导金融资源的配置，金融市场资金的转移跟财务绩效有关。通过财务报表能否快速地把减排的好处或者是多排的负面性在报表中反映出来，对金融市场来讲非常重要。企业行为则跟管理会计有关。财务会计侧重市场资源配置，管理会计侧重企业内部资源。这两个会计并行的系统，都需要把碳因素考虑进来。原来考虑的不多，包括财务会计，在这方面引入的也不多。现行的财务会计应对碳排放准则处在过渡阶段，包括财政部颁发的标准，也存在争议。在管理会计方面，我们国家已经出了八个层面的四十几个工具，基本没有把碳因素纳进来，这些工具方法没有考虑到碳的影响。但我们课题组还利用学院的平台做了一个调研，在调研中发现，有很多企业比较关注低碳发展，包括战略层面、管理会计工具方面，以及对碳问题的了解程度，这方面展现出来的会计人员对碳问题的认知度比我们预期要好。

未来在低碳环境下，管理会计能否及时将碳要素纳入现有管理会计系统非常重要。包括现有的会计信息系统也需要做出相应的调整。原来 ERP 沉淀的数据远远不够，会计信息系统需要沉淀碳排放数据，我们应该沉淀碳足迹的相关数据，从而让整个信息系统把碳和管理信息通过数据中台打通。低碳经济的发展不仅仅对会计本身工具和算法带来影响，对整个企业的管理模式、信息系统都会带来深刻的影响。

综上所述，会计应具有更大的格局，在低碳发展中并不是没有会计的角色；相反，会计要承担的使命和责任非常重大。

上海国家会计学院教授　刘凤委

# 第三篇

## 低碳发展：
## 管理会计应用与创新

# 一

# "双碳"目标下的企业管理及会计创新

迈向碳中和,就要以低碳强度的能源生产和消费支撑经济社会可持续发展,提升碳捕捉能力。无论是结构节能还是技术脱碳,低碳运营必须贯穿于企业经营和价值链全过程,包括采购、经营、生产、销售、投融资等,涉及供应链上下游、政府、社会及内部各利益相关者。本文将着重探讨以下三个方面:"双碳"目标对企业的约束,"双碳"目标下的企业运营管理,以及"双碳"目标引出的会计新问题。

## 一、"双碳"目标对企业的约束

以建材企业为例,建材企业属于碳敏感产业。碳敏感产业的碳减排约束强,碳减排目标明确。以下几个驱动力会使得企业参与到碳交易碳减排中：政策要求，进入市场的需要，上市公司来自社会投资者的压力，提升自己环保绿色形象的动力，以及压缩和削减环境成本的压力。

在各种外在与内在合力驱动下，企业规划和实现碳资产管理时也面对着硬性约束和弹性约束。硬性约束指的是合规性要求。企业规划要符合国家相关的法律、相关规则。控排企业面临着较强的硬性约束。大多数的碳抵消、自愿减排或碳中和企业需要履行自己的社会责任。碳市场投资机构和积极的控排企业将碳交易作为一种业务形态，以营利为目标，愿意使用碳金融工具，频繁进行交易。大型的集团企业将碳交易与公司战略结合，考虑营利和其他综合业务绩效，积极参与交易。碳交易会对公司的主营业务形成支撑。社会责任以及企业战略是企业碳资产管理中的弹性约束。在各种约束条件下，企业实施自己的策略时必须设定分层次目标。碳减排目标应当与企业经营发展目标相协调。但是在现实中，两类目标常常有矛盾，企业需要通过一系列的战略战术来实现碳减排目标和经营发展目标。

## 二、"双碳"目标下的企业运营管理

从微观角度和运营管理角度讲，企业聚焦技术解决方案。

从管理会计视角来看，企业更加关注的是节能降耗降碳怎么落实、生产设备怎么进步、生产工艺怎么合理化、技术改造怎么落实，企业必须有自己的建设路径来实现这些目标。而不同企业的中心任务不尽相同。比如，建材企业的焦点可能是替代原料和替代燃料，而轻化工企业的焦点是清洁电力。尽管并非所有企业都参与碳金融、碳交易，但企业需要在规划里明确自己的路径，是被动减排还是主动增值，是资产管理还是外部交易，并加以实现。

向企业内部延伸讨论碳话题具有实践意义，尤其落到管理会计方法应用的角度。从生产技术上来说，碳交易、碳减排会对企业产生一个倒逼力量，这个倒逼力量要求企业改变自己的产品结构，因为不同的产品或者同类产品的不同型号，产品结构不同，碳排放的含义也会不一样。产品结构既定，看生产线和设备，其老旧程度或先进水平，对碳排放的含义也是不一样的。继而看燃料和原材料的替代，能不能由电替代煤，由火电变成水电，这都属于燃料替代。以基础原材料产业为例，企业在燃料替代上可能还有更多的选择。比如，该企业可以用自己的设备焚烧城市垃圾，产生出燃点低于煤炭的RDF燃料（垃圾衍生燃料），以10%、20%或30%的比例与煤炭混合到一起。由此，煤耗减少，原材料替代让低碳取代高碳。在前述产品结构、生产线设备、燃料等既定的情况下，不同的生产工艺和生产技术，也会对碳排放带来不同的后果。

除去生产技术因素，管理因素也会影响碳排放。从企业高层管理到中层管理，一直到班组管理、生产线上员工配置等，管理专题很多，总合起来，都会与碳问题相关，是管理会计方法应用的全面场景。企业应考量"双碳"目标的管理会计方法应用，其中，基础制造型的企业应从多个方面加以思考。

### 三、"双碳"目标引出的会计新问题

应以市场为轴心，倒逼企业做出碳资产与会计处理的相关决策。企业在碳交易市场卖出自己多余的碳排放额，或者买入别人的碳排放额为己所用。配额不够用需要外购，配额用不完可以出售，这是一个碳价值完成过程的体现。企业在什么时机卖掉碳排放额，碳市场状况如何？股票市场研究的很多思路可以作为参考。这方面海外学术界已经有一些研究，具有参考意义。

"30·60""双碳"目标引出许多会计的新问题，会计界必须及时响应。企业的各种行为从碳角度考量，都会留下碳足迹。碳足迹给会计信息提出了新任务，不论是财务会计角度的计量，还是着眼于管理会计角度，通过会计和非会计的衡量，为碳相关的管理决策提供有效支持信息，是给会计信息体系提出的挑

战。会计信息应追踪和反映碳足迹，形成会计循环在碳问题上的信息体系（财务报告、社会责任报告、ESG 报告、管理会计报告等），为企业管理和决策服务。让会计信息在追踪碳足迹上体系化，是会计界面临的新任务。

北京大学光华管理学院教授　王立彦

# 二 低碳发展与管理会计应用与创新

2020年9月22日，中国国家主席习近平在第75届联合国大会上正式提出将力争在2030年前实现碳达峰、努力争取在2060年前实现碳中和的目标。作为世界上经济体量最大的发展中国家，这样的目标意味着中国将完成全球最高的碳排放强度降幅，用全球历史上最短的时间实现从碳达峰到碳中和。2021年3月，十三届全国人大四次会议发布《中华人民共和国国民经济和社会发展第十四个五年规划和2035年远景目标纲要》，制定了2030年前碳排放达峰行动方案。在国民经济向绿色、低碳发展模式转型的背景下，企业作为重要的国民经济微观主体和碳达峰的行动主体，有必要重新构建适应低碳发展理念的管理会计体系，在提供最优决策、改善经营管理、提高经济效益的同时，在促进实现碳减排目标方面发挥更加重要的引领作用。本文致力于利用管理会计的基本原理和方法，以中国节能环保集团有限公司（以下简称"中国节能"）为例，构建企业碳管理会计体系，探寻企业低碳经济发展新模式。

## 一、"碳达峰·碳中和"背景

工业革命以来，以燃烧煤炭、石油、天然气等化石燃料提供能源动力的大规模机械化生产极大提高了人类的生产力水平，并因此带来了物质生活水平的大幅提升以及人口数量和经济规模的迅猛发展。与此同时，随着人类改造自然水平和程度的提升，人类活动带来的二氧化碳排放的增加已经打破了原有的生物圈碳平衡，导致大气中二氧化碳浓度不断攀升，继而造成全球变暖、海平面上升、极端天气事件频发甚至环境破坏、生物物种灭绝等严重的环境和气候问题。目前世界绝大多数国家对于二氧化碳排放造成的影响已经形成共识，并在联合国框架体系下形成了共同但有区别责任的减排战略。进入21世纪，世界各国对全球气候变化日益重视，行动步伐逐渐加快，"减少碳排"已然成为全世界各国的共同任务，越来越多的国家政府正在将碳减排、碳中和提升为国家战略。我们对世界各国已公布的碳中和时间表进行梳理，仅有苏里南共和国、不丹等国家实现了碳中和，大部分国家还在政策宣示阶段，其中英国、法国、瑞典等国对碳中和进行了立法，加拿大、韩国、西班牙、智利等国正在立法中，美国、德国、日本、瑞士等国家进行了政策宣示。

2020年9月22日，中国国家主席习近平在第75届联合国大会上向国际社会首次庄严承诺"30·60"目标：中国将提高国家自主贡献力度，采取更加有力的政策和措施，二氧化碳排放力争于2030年前达到峰值，努力争取2060年前实现碳中和。近年我国所做的一系列工作以及陆续发布的"1+N"政策体系，充分体现我国在应对气候变化方面展现的大国担当。

"双碳"目标的提出，有着鲜明的时代背景。党的十八大以来，我国一直把生态文明建设作为统筹推进"五位一体"总体布局和协调推进"四个全面"战略布局的重要内容，生态文明理念日益深入人心；十八届五中全会进一步提出了"创新、协调、绿色、开放、共享"的新发展理念，推动经济社会发展全面绿色转型。"双碳"目标的提出，事关中华民族永续发展和构建人类命运共同体，它是促进未来实现高质量发展的重要手段。

在此目标下，我国碳中和的路径可分为三个阶段，各个阶段根据不同的排放特点设立相应的战略举措。第一阶段为碳达峰阶段（2020—2030年），主要通过降低能源消费强度，降低碳排放强度，控制煤炭消费，大规模发展清洁能源，继续推进电动汽车代替传统燃油汽车，倡导节能（提高工业和居民的能源使用效率）和引导消费者行为等措施降低碳排放，实现碳达峰。第二阶段为快速降碳—低碳排放阶段（2030—2045年），主要通过大规模发展可再生能源，大面积完成电动汽车对传统燃油汽车的替代和完成第一产业的减排改造，通过促进碳捕捉、利用和封存（CCUS）等技术的商业化实现碳排放的降低。第三阶段为深度脱碳—实现碳中和阶段（2045—2060年），届时工业、发电端、交通和居民侧高效、清洁利用潜力基本开发完毕，可通过使用碳汇技术、CCUS、生物质能碳捕捉与封存（BECCS）等技术最终实现碳中和。

## 二、中国节能的碳中和行动路径

中国节能是一家以节能减排、环境保护为主业的中央企业，以生态文明建设为己任，始终牢记初心使命，致力于让天更蓝、山更绿、水更清，让生活更美好。经过多年的发展，中国节能目前拥有子公司700多家，其中上市公司7家，业务遍及国内各省市及境外100多个国家和地区，形成了专注节能与清洁供能、生态环保、生命健康三大主业，加快发展绿色建筑、绿色新材料、绿色工程服务三大业务，铸强战略支持能力的"3＋3＋1"产业格局，是我国生态文明建设的中坚力量。

### （一）中国节能业务概况

中国节能在践行绿色发展理念以及"双碳"实践方面开展了大量工作。截至2020年，中国节能累计开展节能环保和清洁能源项目超过4 000个；绿色电力装机容量超过1 351万千瓦，累计绿色发电量872亿千瓦时，相当于减排二氧化碳6 725万吨，节约标煤2 697万吨；固废处理能力超过10万吨/日，累计处理固体废弃物6 973万吨，继续位居行业第一阵营；水处理能力达1 297万吨/日；共开发运营49个绿色园区，绿色建筑面积达到364万平方米，运营供能能源站44座，供能面积6 450万平方米。中国节能还充分发挥绿色智库作用，长期为国家部委、地方政府、产业园区、企业、金融机构提供基础研究、顶层设计、标准指南、技术评估及产业化延伸等服务。中国节能为国家绿色转型发展、推进新时代生态文明建设和满足人民群众对美好环境的向往做出了积极贡献。

（二）中国节能碳中和产业路径

我国的碳中和产业可以分为能源供给与能源需求两大方面。能源供给相关产业包括石油、天然气、煤炭的优化使用，太阳能、风能、地热能等清洁能源对化石能源的替代，热电联产、余热发电等能效管理。能源需求相关产业包括制造业与建筑业的能源节约、废弃物的绿色排放、交通节能等。

中国节能对自身的碳排放现状进行了细致的分析梳理，结果表明，目前碳排放主要来自固废处理和煤炭、电力、天然气的使用，碳抵扣主要来自固废发电、风力发电、太阳能发电等，净效应在2013年首次实现负排放，2020年年底负排放达到735万吨，负碳规模逐渐增加。未来中国节能将努力发挥节能减碳服务、零碳能源抵扣、生态环境修复等优势，推动助力外部社会减碳降耗，强化减碳溢出效应。

在碳中和产业路径方面，中国节能立足于节能与清洁供能、生态环保产业的优势，加强零碳能源和负排放技术的投入强度，构建服务国家"双碳"目标的业务布局；创新驱动打造新型综合能源服务，着力发展智慧工业与建筑节能服务，积极发展区域综合能源服务，持续推进零碳能源开发服务；强化优势促进减污降碳协同增效，打造生态系统碳汇综合解决方案；深化研究加强"双碳"智力标准供给，持续提升"双碳"智力供给能力，积极推进涉碳标准研究制定；培育中国节能碳中和品牌，打造中国节能碳中和综合解决方案，积极推动零碳负碳技术产业孵化。

### （三）中国节能碳中和技术路径

借鉴国外先进企业的碳中和技术路径，主要包括可再生能源投资、能效升级和碳排放、环保项目投资、碳汇能力提升、碳捕捉和碳封存、制造和运营过程碳中和、碳排查和信息披露等七方面；中国节能涵盖其中六类，未来将致力于发挥在排碳领域的技术优势，提升行业示范引领作用。

节能清洁供能板块将构建以可再生能源为主的技术体系，包括清洁供能、工业节能和建筑节能技术等。生态环保板块将构建以生态化产品和储碳、节能为主的技术体系，包括固废处理、生态修复、水务技术等。绿色建筑板块将构建以减碳、零碳能源、负碳为主的技术体系，主要包括节水、节材技术等。工程服务板块将构建以自动化、性能化、数字化为主的技术体系，包括工程装备、工程技术和地质分析技术等。碳达峰阶段以节能减排技术应用为主，快速降碳—低碳排放阶段以零碳能源技术体系应用为主，深度脱碳—实现碳中和阶段以负排放技术捕捉余下的碳排放。

目前，在"碳达峰碳中和"的发展大势下，垃圾焚烧是最为直观的碳减排路径之一。中国节能重点发展的垃圾焚烧发电板块在现有背景下，开展以下方面的技术储备：以高参数垃圾焚烧发电技术、多元固废高效协同焚烧技术、高热值水冷焚烧炉技术，应对垃圾分类和"国补退坡"带来的政策调整变化；以生活垃圾焚烧飞灰高温等离子体熔融技术、新型烟气处理技术、渗滤液浓缩液处理技术等为环保排放标准收紧及监管趋严下的减碳技术储备；以"生活垃圾焚烧发电＋CCS/CCUS"、有机肥/沼气制氢等资源化技术、填埋场/小园等碳汇开发为负碳技术储备。

绿色生态园区也是中国节能重点发展的碳中和技术实现的路径之一，通过技术提升和产业升级，实现从"低碳"园区到"零碳"园区再到"负碳"园区的转型。低碳园区统筹兼顾碳排放与可持续发展，积极采用清洁生产技术，大力提高原料、能源使用率，加强园区内各环节能源互补效应，降低碳排放量。零碳园区通过提升数字化、网络化、智能化运营水平，以负排放技术为主、零排放技术为辅,大力推动清洁供能和生态环保技术转型,实现园区碳中和。负碳园区进一步加大控碳力度,在实现清洁能源供能的基础上,全面推进负排放技术。通过深度融合智慧化运营管理模式,增进智能监测与无人值守,实现园区全产业链数字化、网络化、智能化运营,运用碳捕集、利用、封存等人工固碳技术,实现园区的负碳排放,最终形成中国节能特色负碳生态园区。

### 三、管理会计应用与创新

随着国家经济形势和企业竞争环境的变化,政府和企业对管理会计日益重视,加快推进管理会计工作。2016 年 6 月 22 日,财政部制定发布了《管理会计基本指引》,总结提炼了应用环境、管理会计活动、工具方法、信息与报告这四项管理会计要素,对制定应用指引和案例示范起到了统领作用,为企业全面准确理解管理会计、科学系统应用管理会计提供了基本框架和方向。结合低碳发展的需要,我们开展了低碳背景下管理会计的应用研究。

#### (一)管理会计的三大挑战

在低碳背景下管理会计将面临的三大挑战:一是低碳经济环境变化带来的挑战。低碳经济环境带来更多节能、降耗、减排的管理需求和硬约束,需要进一步拓展传统管理会计理论与方法的边界。二是开发低碳经济环境管理会计工具的挑战,包括企业碳预算和核算的设计和制度化,基于碳减排投资、融资、绩效评价标准体系等。三是引导行业及社会各界关注和开拓碳减排相关的管理会计业务带来的挑战等[2]。

### (二)管理会计"5+1"框架体系

根据低碳背景下管理会计面临的新任务,我们构建了低碳背景下管理会计体系"5+1"框架体系,主要涉及五大要素:组织管理和业务流程、管理会计工具体系、管理会计组织和人员、管理会计信息系统和体系持续改进,以及框架构建必须适应的外部宏观环境[3]。

组织管理和业务流程是基础,是管理会计体系搭建的内部环境。管理会计体系的设计要与企业的组织管理和业务流程相适应。管理会计工具体系是核心,可以按以下原则进行选取:系统性原则、权变性原则、有效性原则、渐进性原则、成本效益原则。管理会计的有效推进需要有一批高素质的组织和人员作保障,通过财务会计转型到管理会计、社会招聘、技术岗或业务岗转岗三种途径来提升企业内部管理会计人员数量和素质。管理会计信息系统是支撑,主要建设思路为:一是依靠 ERP 系统的深化应用和功能拓展支撑管理会计信息化的有效开展,二是与国内软件厂商联合开发新系统。体系持续改进是路径,主要体现在两方面:一是在现有管理会计的实践应用基础上改进,二是体系搭建后的循序渐进、持续改进。外部环境决定管理会计体系的整体水平和阶段。影响管理会计的外部宏观环境主要包括经济环境、政策环境、文化环境等[4]。

### (三) 碳管理会计具体场景应用

低碳背景下的管理会计应用，将涉及基于共享体系的统一平台构建，以及碳预算与核算、碳绩效评估、碳融资、碳投资等业务场景。

**1. 基于共享体系的统一平台构建**

构建涵盖核算、预算、决算、资产、资金、产权及碳管理等业务的统一财务管理平台，自动形成闭环管理体系，实现充分业财融合、统一核算管控、全面预算管理、统一资金筹划。在财务共享体系的统一平台构建基础上，结合低碳管理的需要，推动业财融合及与低碳管理需求的融合。

**2. 碳预算和核算**

在企业碳预算与核算过程中，依据碳排放发生的时点，产品全周期的碳排放成为预算与核算的主要影响因素，碳排放活动主要由三方面构成：由企业控制的碳排放源产生的直接排放，由其他企业控制但与生产经营活动相关的间接排放，在进行能源输出、封存和转移过程中伴随的特殊排放。

在碳预算与核算阶段，碳成本是非常重要的概念。碳成本影响生命周期内碳排放、碳减排相关的企业经济效益。广义的碳成本是生命周期内与碳排放或碳减排相关的企业经济利益的流出，如减排设备的折旧费用、低碳技术的研发支出、碳排放权的交易支出等。碳排放权交易背景下，碳成本的控制重点应当为购买碳排放权的支出，碳排放权带来的碳履约成本主要由碳排放量及碳排放权交易价格确定。

低碳背景下，管理会计将传统预算与核算、碳预算与核算进行结合，将碳预算与核算过程分解为三个阶段：总碳预算与核算、生产经营预算与核算、效果判定。通过对企业碳预算与核算进行分析，评估企业减排措施对碳排放量控制的影响结果，结合市场碳排放权交易价格进行测算分析[5]，得到减排活动能带来的价值收益和经济效益。投入碳减排活动会给企业带来的经济效益主要包括：通过更新碳减排技术，可以提高节能效率；通过资源循环利用回收材料，可以减少原材料投入；通过碳交易市场行为，充分实现剩余部分碳排放权价值，可以为企业带来其他收益。

通过碳预算和核算进行整体评估反馈，能够进一步优化碳预算与核算体系，并将其融入生产经营过程，从而让低碳管理产生显著的效应。

**3. 碳绩效评估**

在低碳背景下，传统的绩效评价被赋予新的内涵，企业的业绩评价体系指标既要反映企业的经济效益又要反映生态效益。可以在传统的平衡计分卡基础上纳入低碳元素。综合业绩评价能够克服传统评价偏重财务指标的特点[6]，可在投入阶段增加节能减排技术研发支出占比、化石能源占总能源比重等指标，在消耗阶段增加单位工业产值碳能耗、碳流生产率、废渣综合利用率等指标，在产出阶段增加单位产值碳排放强度、绿色产品占产出比、碳信息披露程度等指标。

### 4. 碳融资

碳资产融资是新型融资方式，能够拓宽企业融资渠道，有利于全国碳市场的良性发展。金融监管部门前期完成大量工作，比如人民银行曾推出碳减排支持工具，以稳步有序、精准直达方式，支持清洁能源、节能环保、碳减排技术等重点领域的发展，通过"先贷后借"的直达机制，对金融机构向碳减排重点领域内相关企业发放的符合条件的碳减排贷款，按贷款本金的 $60\%$ 提供资金支持，利率为 $1.75\%$[7]。另外还有碳资产质押或抵押融资、碳债券与碳资产支持证券、碳资产售出回购等其他融资方式。

### 5. 碳投资

在对低碳型项目投资进行决策评价时，企业不再单纯依靠原有的指标体系，而是新增加了部分"内部成本"[8]。在对项目进行长周期的评价分析中，拉长现金流入时段或提升相应时段流入金额，可使得优化后的评价体系更充分、精准地揭示低碳项目的内、外部成本，科学展现投资效益。"碳交易"可能加大企业项目投资中的成本，尤其是企业新的投资项目，这类项目未来投入运行后新增的碳排放量，需要通过市场从交易相关方获取相应的碳排放权，从而形成一定的费用与成本，进而影响低碳项目投资的财务评价效果[9]。企业低碳技术的发展必须依靠高技术设备及工艺包装等无形资产或技术，其折旧、摊销率通常高于一般设备或技术，因而可以通过加计扣除减免一定的税额。环境投资项目的风险主要是在投资和效益的实现滞后于可行性研究和投资决策目标所产生的不确定性；当环境法规发生变化时，风险也会随之发生变化，这些方面的因素也要纳入未来的碳投资评价的过程。

管理会计助力企业进行碳决策时（如决策是否使用低碳原料或者清洁能源代替原来的原料和能源、是否使用低碳设备替换原有设备或购买低碳技术），要综合考虑清洁能源、低碳材料带来的经营性减排支出和节能设备、低碳技术带来的资本性减排支出，同时要重点考虑碳排放权收益和其他收益，综合进行成本效益分析，从而进行决策。

中国节能环保集团总会计师　朱庆峰

# 三 远光软件股份有限公司实践经验分享

远光公司是国内最早一批做管理软件的厂商，1985年开始服务电力行业，2006年在深交所上市，迄今已有30多年的发展历史。公司现有5 000多名员工。公司服务的主战场，也是"双碳"的主战场——电力行业。围绕能源互联网，公司同时也在为上下游的头部企业提供集团管理、智慧能源等服务。

## 一、低碳实践

在低碳实践方面，远光公司的董事长陈利浩先生在2008年就提出低碳经济，并且提交了相关提案，旨在推动广东省成为低碳示范省的建设。陈利浩先生也是九三学社"低碳第一人"。远光公司从2002年开始推行无纸化办公，园区只有一台打印机。办公楼、食堂楼顶上都有光伏发电，在园区里安装有储能装置。远光是珠海第一家安装了特斯拉充电桩的公司，也是目前国内第一家实践常态化本地远程办公的公司，新冠肺炎疫情期间没有一天停工停产。

## 二、管理会计关注重点

"双碳"目标、数字化转型、新技术发展为管理会计提供了很好的发展机遇。在服务客户中，我们注意到了以下几个管理会计的关注重点。

第一个关注重点是统一规划。管理会计本质上是企业经营管理的数字孪生体，以前管理会计的建设更多是做一些专题的单点建设，如全面预算管理、成本管理等；现在更多的集团企业转向统一规划。比如我们服务的国家电网公司，通过多维精益管理变革推动管理会计的落地。在建设规划的路径上，一是构建体系，厘清公司的各类数据关系。通过简化科目，把管理维度还原到业务，通过会计要素与管理对象、业务标签、数据载体的融合，建立起立体的企业价值图谱，精准刻画到"四个一"，即每一台设备、每一项作业、每一位用户、每一个员工，实现公司运营全过程的精准刻画。二是贯通流程，解决数据获取的问题。通过实施跨业务、跨层级流程改造，实现业务数据全流程信息实时共享。三是洞察数据，解决价值及发现的问题。

通过划小经营单元，多维度评估价值贡献，实现对企业价值的深度挖掘。四是创新应用，通过开展多场景应用实践，推动业务创新和管理变革数字化业务创新。

第二个关注重点是风控。风控领域这些年走过若干个发展阶段：在2006年之前，风控主要通过工具做一些事后的监督。从2006年开始，我们服务的一些央企开始建设风控平台，通过风控平台构建统一的风控管理体系，定期开展风险的识别与评估、内控测评，出具相关报告，通过系统检查违规业务及风险，但都属于事后阶段。从2017年开始，一些央企通过系统开展内控自动化测评、评价风险状态，开始探索风控与业务的融合。2019年，国资委针对央企的风控管理出台了《关于做好2020年中央企业内部控制体系建设与监督工作有关事项的通知》（简称"44号文"），在平台落地上，开始关注风控中台的建设，以风险管理为导向，以合规管理监督为重点，把风险、内控、合规管理与业务融合到一起，对外披露和内部管理的体系是融合的，更多地往预防性风控进行推进。

基于中台的风控建设，有几个典型场景。例如组织风险集市。通过内外部数据的打通，搭建组织风险的识别模型，通过中台沉淀以后，可以应用于采购风险管理、合同履约风险管理等，其他模块无需各自再建模型。在民企清欠专项监控方面，不仅打通内部数据，而且跟社会化的数据融合起来，通过知识图谱的方式，建立识别、排查的长效管控机制，做到及时预警，增强企业的免疫力。税务风险防控也可以通过这样的技术，打通数据链条。

第三个关注重点是产业链上下游资源协同。以前资源配置关注的是在集团内部联动融合，以及内部不同产业板块之间的协同；现在趋势已经扩展到产业链上下游资源的协同，以及社会化的互联。比如碳管理方面，我们目前提供的碳管理平台，为集团、碳资产管理公司、下属企业提供全过程管理，同时也已经在华能、国家电投等集团应用。以国家电网为例，其通过电商公司建立的能源工业云网，面向能源生产、装备制造、能效消费三大领域，赋能各类市场主体，服务政府行业管理、聚合客户资源、共创新型业态。

第四个关注重点是财务的价值贡献。随着新技术的应用，成本管理、内控管理等很多管理会计的业务通过数字化的技术手段实现了自动化处理，现在企业开始关注财务本身作为核心资源的价值贡献。国家电网、海尔集团通过司库管理建设，实现财务作为核心资源的价值贡献。国家电网推进的"1233"资金管理体系，2020年1—10月挖潜增效155亿元。税务管理领域，不论是在低碳环保还是在税务风险、人工成本降低上，都有直接的效益。

第五个关注重点是价值创造机制的转变。集团企业开始关注通过内部模拟市场管理模式推动集团价值创造机制的转变。通过这一机制，企业把经营责任和压力往下传导到最基层，通过预算编制、模拟结算、业绩考评、跟踪评价、考评和薪酬挂钩这些措施的执行，各个层级、各个专业更加关注自己的价值贡献。

第六个关注重点是数据和业务的联动。当下，数据分析转向全员自助探索，更关注数据分析结果如何嵌入业务、实时与业务联动。很多企业开始在财务队伍中设立专职的数据运营师岗位。

第七个关注重点是数字化平台。在"双碳"管理要求下，数字化业务的商业模式也在不断创新。数字化平台如何更好地满足业务和管理会计的发展，也是企业当下关注的重点。在这方面需要考虑的有以下几点。第一，在理念上如何基于数据驱动，通过数据模型运算结果取代人工经验的判断，简化业务流程、服务管理决策。第二，在技术上如何基于微服务、中台化的云原生架构，沉淀一些共性的服务；如何以 AI 引擎为核心，不动代码就能快速满足组织模式、流程、管理模式的持续优化。第三，在资源配置过程中，作为集团和各板块如何"有分有合，统分结合"，满足资源配置的要求。第四，在模式上，如何基于区块链技术建立信任、公开、透明的可信体系，更好地进行产业链上下游协同、构建社会化的互联生态。

远光软件股份有限公司副总裁　陈　婷

# 四
# 低碳背景下企业管理会计新实践

为应对气候变化给人类生存和社会发展带来的严峻挑战，全球正在进行一场低碳革命。2020年9月22日，国家主席习近平在第75届联合国大会上宣布，"中国力争2030年前二氧化碳排放达到峰值，努力争取2060年前实现'碳中和'"的"双碳"目标，展示了中国应对全球气候危机的决心及坚定不移走可持续发展道路的信心。

企业是社会经济发展的重要组织形式，当前政策制定者、监管机构、投资者和其他利益相关方都已开始督促企业肩负起绿色使命。企业不仅需要采取前端清洁能源开发利用、中端节能减排工艺改进、末端污染物降碳处理等具体措施，进行生产、服务和技术上的低碳升级，也面临着商业模式和业务流程的系统性变革，比如产业生态一体化探索、绿色消费市场开拓等。

面对这一系列的产业升级和商业变革，企业领导者们必须敏锐、有序地加入挑战,积极承担绿色使命,努力提高低碳管理能力和效率,以"中国式低碳管理"推动低碳发展,助力"双碳"目标的实现。尤其是在财务信息化转型和业财深度融合的背景趋势下,企业如何从财务工作出发有效提升管理效率并帮助企业创造更多低碳价值,落实低碳管理实践,参与财会行业绿色发展,更好地服务国家绿色战略,这是当前亟待解决的重要现实问题。

为此,上海国家会计学院和特许公认会计师公会(ACCA)联合开展调研,围绕低碳发展背景下的企业管理会计新实践主题,全面了解我国企业低碳发展现状、重点行业面临的低碳挑战和典型实践及未来展望,为探索面向低碳发展的企业管理会计内容框架与体系优化、管理会计工具改进、管理会计人才培养等问题提供借鉴。本文共分为以下六个部分。

## 一、被调查企业及人员特征统计

本文所收集的600多份有效调查问卷涉及不同行业与不同企业类型,被调查对象层级较高且以有财务背景的受访者为主,因此被调查对象具有一定的代表性。

首先,被调查企业分布在各个行业,涵盖传统能源行业、高耗能高排放行业(除能源以外)、一般制造业、新能源行业、节能环保行业、金融行业和其他行业七项,其中以一般制造业、金融行业和其他行业为主,能较好地反映各行业的实践情况。

其次,被调查企业涵盖国有企业、民营企业、外资及合资企业等,对于各行业能源转型及节能减碳的主要目标对象及发展群体进行了聚焦。

最后,被调查人员中有超六成的受访者为中高级管理人员,超九成的受访者具有财务专业背景,可以更好地反映公司的战略、环境、财务等经营状况。

## 二、提升低碳发展意识

本文从整体角度、行业角度和管理层级角度对被调查企业及人员的低碳发展意识进行了分析,并针对各统计结果提出了提高低碳发展意识的有关建议。

从整体角度而言,目前绝大部分调研对象对低碳发展非常重视,有56.25%的调研对象认为低碳发展非常重要,52.29%的调研对象认为非常紧迫。整体受访对象的低碳意识已经较高,但是后续仍需进一步推进长期低碳目标。

从行业角度而言,虽然各行业均有较高的低碳发展意识,但是站在抵御"气候变化"风险第一线的高耗能高排放行业中,仅37.10%的受访对象认为低碳发展非常重要和紧迫,低于总体平均值。为此,应当加强高耗能高排放行业对自身低碳使命和责任的认知。

从管理层级角度而言，各层次人员都认识到低碳发展的重要性，但是对比不同职务层级来看，反而一般员工对低碳紧迫性的认识会比高层更高，这种趋势越向下越高。下一步应当进一步加强对中高层管理人才低碳发展意识的培养。

## 三、目标设定和管理预期

就总体目标设定情况而言，调查结果显示仅14.16%的单位设立了明确的碳达峰/碳中和期限目标，这与ACCA全球调研的数据①非常接近。另外，对于已设立目标的企业，碳达峰时间平均为2029年，与国家预定目标相近，但是碳中和时间平均为2040年，大幅提前于国家预定目标，反映出受访人群对碳中和目标长远发展的信心。

从行业角度来看，国资控制的传统能源行业有约53.85%的企业确定"双碳"目标，是被调查行业中比例最高的。另外，新能源行业中有约40.91%的受访对象设立了明确的"双碳"期限时间，证明能源行业对"双碳"的战略目标较高耗能高排放行业或其他行业更加明确。但目前高能耗高排放行业只有14.52%的企业初步提出"双碳"计划目标，在各行业中比例较低。究其原因，一方面是由于其低碳意识不足、外部驱动效应

---

① ACCA于2021年11月在英国格拉斯哥举行的联合国气候大会上发表了报告《气候行动与财会行业：构筑可持续未来》，在其面向全球财会专业人士的调研中，已经设立了明确"双碳"目标的企业比例为15%。

不明显及排放标准不清晰,另一方面是由于生产流程或工艺的复杂性,其短时间内创新的难度较大,后续须结合经济发展周期和金融系统性风险等科学推进。

在管理会计活动对推动企业低碳发展的重要性方面,有79.42%的受访对象认为在财务工作中,管理会计活动对推动企业低碳发展比较重要或非常重要,这一比值在各管理层级中基本保持一致,并且高于ACCA全球调研的数据(75%)。这说明管理会计在"双碳"目标中的重要性显而易见。

### 四、行动与挑战

总体调查结果显示,约41.01%的企业已经开始考虑低碳发展,22.71%的企业基本没有考虑低碳发展,说明低碳化进程仍有较大的提升空间。

从企业类型来看,在高能耗高排放的企业中,外资和合资企业低碳发展的考虑程度最高,地方国有企业和民营企业低碳发展的考虑程度最低。

在行业分析中,传统能源行业对于"双碳"的考虑是最高的,超过80%的企业很大或较大程度地考虑了低碳发展,同样是作为能源行业的新能源,作为支持低碳转型且在低碳发展中获益的一方,有超九成的企业考虑了低碳发展,几乎所有的能源行业都开始考虑"双碳"发展。但是高耗能高排放的行业对于低碳发展的考虑就少很多，仅有8.06%的企业很大程度地考虑了低碳发展。

在生产经营层面考虑到了低碳发展的企业中，约64.50%的企业进行了碳足迹监测和管理。具体而言，11.44%的企业实现了全面碳足迹监测和管理，31.16%的企业实现了部分生产经营环节上的碳足迹监测和管理，21.89%的企业能够针对个别项目进行碳足迹监测和管理。可以说，整体上实现全面碳足迹监测和管理任重道远。

调查显示，目前政府监管、市场竞争和绿色融资是我国公司进行低碳转型的主要驱动力，即低碳发展能够降低企业经营监管风险、提高产品市场竞争力及获得更多更低成本的融资。同时，来自供应商、客户等利益相关者的要求也是企业更多考虑低碳发展的因素。从行业来看，传统能源行业（相较其他行业）更看重政府监督、绿色融资成本和渠道的影响，而新能源行业更看重市场竞争优势，高耗能高排放行业更看重利益相关者要求。

## 五、会计创新与优化

调研发现样本中有66.92%的企业已经开始在财务管理中考虑碳要素，其中能源行业较大程度地进行了考虑，而高耗能高排放行业考虑的比例最少，有近36%的企业几乎没有考虑过碳要素。

在这些考虑了碳要素的企业中,只有13.44%的企业进行专项碳会计核算和报告,67.20%没有进行碳会计核算和报告。其中,只有能源行业及节能环保行业有超四分之一的企业进行了碳会计核算和报告,但也远不及理想程度。针对低碳的管理会计实践水平高于会计核算和报告水平的情况,约半数以上的企业集中在战略、成本和预算三个领域对碳要素进行思考并开展相应的管理会计活动,目前仅7.73%的企业在管理会计活动中没有考虑碳要素,说明在"双碳"方面,管理会计的应用远超财务会计。

企业在财务管理中考虑碳要素时,遇到的困难主要包括公司碳排放程度不高、缺乏会计制度指引、没有碳信息披露要求等。从具体行业角度而言,传统能源行业中碳要素数据的缺乏以及高耗能高排放行业中领导的不重视,也成为这些行业缺少考虑碳要素的重要因素。

## 六、未来展望

在全社会经济进行多重目标、多重约束的绿色转型时,企业管理活动也将面临新的管理问题和会计挑战,必须有针对性地实施变革。本次调研就针对以下三个方面展开:

一是未来企业低碳发展面临的内部困难和需要的外部支撑方面。在应对气候变化进行低碳转型的过程中,内部困难主要包括缺乏可持续发展战略(47%)、绿色技术创新困难(46%)、缺乏资金支持（49%）、缺乏低碳业务模式（51%）。在外部支撑方面，受访样本企业渴望能够获得更加明确的低碳标准（65%）和更多资金方面的支持，其中财税优惠政策的需求尤为明显，占比达73%。另外，当前企业对碳排放权交易市场以及碳资产服务机构的支持作用认识相对较弱，各自仅有36%的受访者认为需要支持，而市场化机制是目前实现"双碳"目标的有效手段。

二是企业管理会计在未来几年受到"双碳"目标影响的程度方面。很多受访者认为在"双碳"的背景下，需要在战略管理、运营管理、供应链管理等方面作出重大改革，调研结果显示三者受影响的程度分别为66%、60%和53%。此外，目前部分受访者认为技术创新、商业模式创新及财务管理的受影响程度不高，但这些要素的突破和创新仍是实现低碳转型不可或缺的一部分。

三是对于低碳管理的财务人员应该提升的能力方面。根据调研，除了提升财务专业能力，培训需求量最大是碳相关的经济知识、碳相关技术标准、可持续发展观等非财务信息。为了有针对性地优化并利用现有管理会计工具和方法为企业低碳转型赋能，财务人员也应当强化信息搜集、决策判断及业财融合的能力。

上海国家会计学院教授　宋　航

# 第四篇

## 迈向碳中和：
## 管理会计挑战与展望

# "双碳"背景下宝钢股份在会计方面的实践和思考

宝钢股份在持续探索及构建公司财务和管理会计面向碳中和未来之路的实践架构。我将首先介绍宝钢股份在碳管理业务财务方面的探索现状,其次指出实践中面向未来感受到的挑战和困惑,最后对未来的做法提出建议和思考。

## 一、宝钢股份在碳管理业务财务方面的探索现状

宝钢股份和中国宝武共同发布了"双碳"目标下的发展轨迹和路径,2023年力争实现整个集团的碳达峰,2025年具备减碳30%的工艺技术能力,这些能力目前处于探索过程中。2035年整个集团实现减碳30%的目标,2050年最终实现碳中和。整个"双碳"目标并不是空喊口号,我们计划电炉对高炉

的替代，探索低碳冶金的技术，在生物质碳方面取得实质的进展，同时排放末端对二氧化碳进行治理。我们提出了实现"绿色制造"和"制造绿色"的口号，"绿色制造"体现在钢铁的生产过程中，即减碳工艺的运用，制造低碳绿色的产品让我们的下游实现减碳，比如宝钢闻名全球的核心拳头产品：硅钢。我们每提高一个取向硅钢的牌号，能给国家节约的电力相当于三峡水电站一年的发电量，这是对社会所作出的减碳贡献。

宝钢股份是最早参与全国碳交易试点的企业，在上海、武汉、湛江的三个基地都参与了碳交易试点。迄今为止，公司每年兑现碳交易的成本已从千万元级别上升到亿元级别。同时，公司持续参与国际商品招投标，目前壳牌公司要求宝钢提供的产品必须是碳中和产品。为此，我们已在国际指定交易市场购买碳资产对冲产品碳排放，实现碳中和产品的交付。

在具体业务方面，公司全面尝试碳相关的各种业务，并在财务和管理会计方面积极参与国家及企业层面的探索，例如，与相关监管机构、上海国家会计学院开展环境报告方面的合作。相关监管机构也在听取了公司财务会计的实践反馈，经过多次调研和讨论后，最终出台了碳排放交易中有关会计处理的暂行规定。此外，公司也在绿色信贷方面探索并发行了市场上第一单绿色债券。

在管理会计领域，目前公司已建立起全生命周期碳足迹评价和跟踪系统架构及评估模型,现场制造系统的阶段架构和模型已经形成雏形,但该系统尚未跟踪到上下游,比如供应商碳足迹以及公司的产品为下游减碳带来的贡献。未来该系统要向前后两端延展,做真正的全生命周期的跟踪。

在编报和披露方面,公司披露的 2020 年度报告中,首次对标国际 ESG 标准和国内 ESG 的征求意见稿,发布了首篇完全国际化与专业化的 ESG 可持续发展的报告,其中首次披露了公司碳排放强度和碳排放总量,并经独立第三方验证。报告得到相关监管机构的认可,公司入围央企 ESG 先锋 50 指数,并排名第七。

## 二、宝钢股份实践中面对的挑战和困惑

虽然已有种种探索,面向未来,我们依然面对挑战和困惑。第一,钢铁行业碳核算和核查制度,在国内尚未明确统一口径,不论是计算标准和方法还是现场实测方法,都与国际有一定差异,所以我们的数据未必得到国际同行的认可。第二,低碳冶金技术路径实施任务重、成本高。据初步排摸,如果达到第一阶段减碳 30% 目标,吨钢成本或将上升 600~1 000 元,如此重的成本负担,应该由企业单方面承担还是在全产业链当中进行分配,以及国家应以何种补助或者税收优惠返还的方式,给到企业一些支持,都是未来非常值得思考的问题。

在这个过程中，公司内部也进行了很多思考。首先，刚才提到财务会计上的核算，公司在碳排放履约时，按照暂行规定一次性进营业外支出，碳履约体现奖惩机制，若最终实现碳排放超过给予的免费配额，类似罚款机制计入营业外支出。今天我们碳交易的金额只有每吨30元左右，欧洲市场的价格是我们的不止10倍，如果有一天按照这样的价格履约，显然一次性的支出是当前企业难以承受的。面对未来协议的交易配额（包括向国家或第三方购买）应该用合理的方式分摊在碳成本中，并最终体现在产品的碳成本中。

其次是管理维度，即管理会计的维度，应通过定价转移的机制，将这部分碳所承担的成本归集出来，并且在上游和下游之间做分摊和转移。

最后，还应该归集和统计出产品本身对下游减碳的贡献，如何让碳的贡献在企业自身和下游企业中实现合理的分享等，这些机制都需要财务会计和管理会计更科学的实践。

综上，未来的碳管理有三个关键词：归集、管理、经营。归集，即更规范地把碳资产和碳负债作归集，这样便于国家实施财政补贴和税收优惠政策。管理，即通过碳资产和负债归集以后能够通过大数据的分析提示企业哪里是增加碳资产的点，哪里是减少碳负债的点，从而改善碳排放，实现低碳发展。经营，即如何让企业更科学合理地经营碳资产，如何从下游获得更多碳资产的分享，如何把碳负债和成本科学、合理地在全产业链中进行分摊和承担。

需要补充的是，碳减排成本方面要可靠地计量；对碳交易的计量，不管是免费碳配额还是实际交易获取的碳配额，都相对容易确定。不容易的是，在减碳技术运用的过程中，资本化的支出和费用化的支出如何可靠地计量，如何在成本当中进行分担。同时，财务是业务的实质反映，更重要的是推动业务，对业务碳减排数据进行可靠实测和计量。而这套系统单靠人力统计是不够的，要全流程信息化推进，系统捕捉信息，再通过完善的会计处理细则，把碳成本包括收益真实地反映出来。

### 三、宝钢股份未来的建议与思考

结合以上实践和困惑，我们对未来有如下思考。

一方面，对未来的碳工作的披露和编报机制，多个国家部委和部门在与我们交流时，我们都表示，对于编报和披露应该坚持两个原则，一是阳光透明、规范地披露；二是不能过度披露。具体来讲，第一，要有自信，要把法定披露和自主披露结合起来。所谓法定披露，是指不能超过国家环保部门的要求和规定，不能过度披露。第二，最好第一阶段也不要超过国际竞争对手或者海外已经做了多年相关管理的企业的披露范畴，否则可能会让我们在国际的竞争中面临很多的问题和壁垒。第三，在企业做好自主披露，且对碳的数据更有信心的时候，可以加大披露的范畴和信息的颗粒度，采取"法定披露＋自主披露"的方式。

另一方面，目前的暂行规定对碳的财务管理还有很多有待规范的地方。随着碳的全生命周期管理的推进，对免费的碳配额如何进行核算，是否由表外回到表内，碳中和的产品，从事碳交易应体现在销售费用中，还是营业外支出中，或是其他费用科目中，以及未来有远期碳交易资产从事衍生品交易的时候，价值是否需要揭示反映，这些都值得系统研究和规范。

结合我们的实践，面向未来，建议从以下几个方面有效地推动整个"双碳"目标的实现。

第一，要对免费碳配额总量进行科学核定。有别于目前上海和其他地区的总量法，我们更推荐像广东地区采用的工序的基准法，比如，生产一吨硅钢和生产一吨螺纹钢所耗用的碳排放是不一样的，生产硅钢虽然耗费的碳排放多，但对下游减碳的贡献更多。如果每吨按照总量核定二氧化碳的排放量，这显然不科学，工作应更细化。

第二，要考虑不同起点的差异，免费碳配额的发放对不同的企业起点也不一样，比如，我们已经试点三四年的企业，如果从一开始被核定更少，而没有参加过试点的企业，过去没有承担过社会的成本，现在从零起点承担，显然对过去已经承担了很多社会成本的企业是不公平的，期待看到国家的政策出台都能够从零起点做起步。

第三，碳排放资产价格的维护。如果做一些更早的碳技术的布局，就要透支更大的成本。如果在同一个平台上与竞争对手相比，将导致过早支付成本，就会承担更大压力，这时候相对标准提前减排的部分应该纳入全国碳交易，以对冲弥补企业成本。

第四，对全产业链减碳贡献的认定。对帮助下游减碳的部分应该有分享机制。

最后，建议国家在税收和财政补贴方面出台相关鼓励政策。在欧洲国家，许多企业在初始进行碳减排设施的投资时，包括低碳冶金技术探索的时候几乎不花企业的钱，这些钱都是国家来源于碳配额交易的收入，或者将碳交易税的收入反哺给企业，鼓励企业更快调整减碳的布局。这方面还没有明显看到国家财税政策的出台，因此我们呼吁推动国家出台这样的政策，而这同时要求我们的管理会计和财务会计更加规范，能够系统地归集为减碳所付出的成本，类似研发加计扣除，只有规范统计才能享受到国家相关的税收优惠的政策。这就需要整个会计同仁付出更多努力，让财务会计和管理会计发挥更多的职能，在未来减碳的路上发挥更大的作用。

宝钢股份财务总监、董事会秘书　王　娟

# 金融如何助力碳中和？
## ——央行、商行和保险的行动与实践

"中和"一词出自《中庸》，"中也者，天下之大本也；和也者，天下之达道也。致中和，天地位焉，万物育焉。"中和致用，天地万物处于中庸平和的状态。中国政府已经宣布"30·60"从碳达峰到碳中和的目标和承诺，碳排放量较多的实业界已经开始了许多卓有成效的碳减排尝试以及实践。金融行业作为虚拟经济，是为实体经济服务的，应当助力实业，共同为碳中和目标做出自身的相关行动。现将央行、商行以及保险业助力碳中和的案例和实践给大家做一个分析与探讨。

### 一、央行推出碳减排支持工具

2021年11月8日，中国人民银行（以下简称"央行"）推出碳减排支持工具，以精准直达的方式，支持清洁能源、节能环保、碳减排技术等重点领域，并撬动更多社会资金促进碳减排。央行通过该支持工具向商业银行和政策性银行提供低成本资金，引导金融机构在自主决策、自担风险的前提下，向碳减排重点领域内的各类企业提供碳减排贷款，贷款利率与同期限档次贷款市场报价利率（LPR）大致持平。该碳减排支持工具发放对象暂定为全国性金融机构，央行通过"先贷后借"的直达机制，对金融机构向碳减排重点领域内相关企业发放的符合条件的碳减排贷款，按贷款本金的60%提供资金支持，利率为1.75%，期限1年，可展期2次。

为保障碳减排支持工具的精准性和直达性，央行要求金融机构公开披露发放碳减排贷款的情况以及贷款带动的碳减排数量等信息，并由第三方专业机构对这些信息进行核实验证，接受社会公众监督。

央行方面表示，碳减排支持工具是"做加法"，用增量资金支持清洁能源等重点领域的投资和建设，从而增强能源总体供给能力，金融机构应按市场化、法治化原则提供融资支持，助力国家能源安全保供和绿色低碳转型。同时，碳减排支持工具的推出将发挥政策示范效应，引导金融机构和企业更充分地认识绿色转型的重要意义，鼓励社会资金更多投向绿色低碳领域。碳减排支持工具重点推向领域如图1所示。

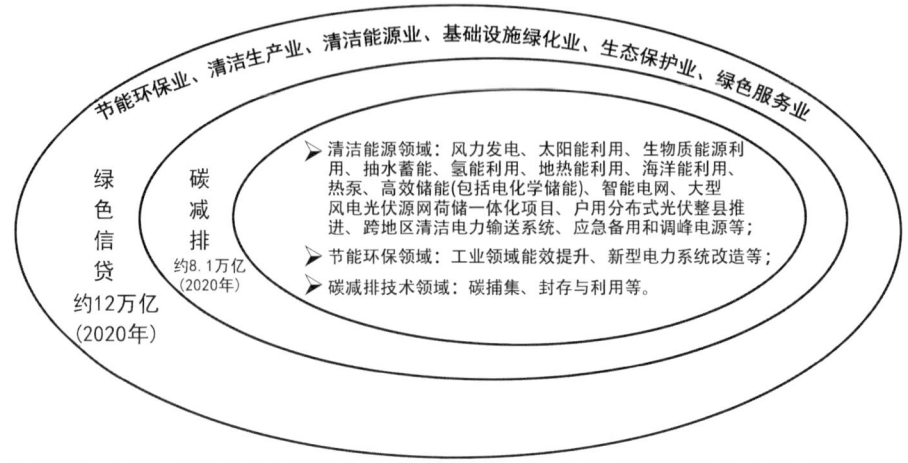

**图 1　碳减排支持工具重点推向领域**

资料来源：中国人民银行，申万宏源研究。

## 二、商行的支持与行动

到 2020 年年末，全国性银行绿色贷款余额近 20 万亿元，较 2019 年年底的 12 万亿增幅近 8 万亿元，绿色贷款占银行业信贷总额 7% 左右。统计口径包括国开行、进出口银行、农发行、工农中建交邮六家国有行、12 家全国性股份制商业银行。从银行的角度来看，头部银行都在这方面发力，带动整个商业银行及政策性银行在绿色金融领域开疆拓土，到 2021 年一季度，绿色贷款余额占比达到 9.3%。2020 年、2021 年上半年全国主要银行绿色贷款余额分布如表 1 所示。

表1　2020年、2021年上半年全国主要银行绿色贷款余额分布　（单位：亿元）

| 银行 | 绿色贷款余额 | | 新增投放 |
|---|---|---|---|
|  | 2020 | 2021H1 | 2021E |
| 工商银行 | 18 500 | 21 545 | 5 074 |
| 建设银行 | 13 400 | 15 700 | 3 833 |
| 农业银行 | 15 149 | 17 639 | 4 150 |
| 中国银行 | 8 968 | 10 000 | 1 720 |
| 交通银行 | 3 873 | 4 088 | 359 |
| 邮储银行 | 2 809 | 3 171 | 603 |
| 招商银行 | 2 071 | 2 387 | 527 |
| 中信银行 | — | — | — |
| 民生银行 | — | — | — |
| 浦发银行 | 2 628 | 2 729 | 168 |
| 兴业银行 | 3 195 | 4 127 | 1 554 |
| 光大银行 |  |  |  |
| 华夏银行 | 1 800 | 2 015 | 358 |
| 平安银行 | 227 | 369 | 236 |
| 浙商银行 | 785 | 847 | 102 |
| 国有行 | 62 699 | 72 143 | 15 739 |
| 合计 | 73 405 | 84 617 | 18 684 |
| 全国性银行 | 119 500 |  | 30 148 |

资料来源：公司财报，中国人民银行，申万宏源研究。

注：(1) 假设上市全国性银行2021H1绿色贷款投放规模占全年计划的60%，测算全年新增投放，以及绿色贷款增速；

(2) 假设全国性银行绿色贷款增速等于上市全国性银行增速，并测算全年新增投放规模；

(3) 由于此次支持工具主要针对新增贷款（即主要针对2022年投放），同时初期重点支持领域突出"小而精"，估算的央行投放规模可能较实际偏大。

金融机构本身不会产生大量的碳排放,但是内部核算机制有能力细化其自身碳排放。以某著名金融机构为例,内部核算上将碳排放细分为直接排放、间接排放、供应链排放,还有投融资排放。直接排放是自有采暖或制冷设备能耗,自有交通工具燃油消耗等;间接排放是营业及办公场所消耗的电力,大型金融单位有一个特点,营业网点分布广泛、营业场所设置众多,一个全国性金融机构,有 30 多个省分公司,300 多个地市中心支公司、2 400 多个县级支公司或营业部,系统的细化核算非常有必要;供应链相关的排放,包括员工商务出行所乘坐的交通工具以及购买办公用品产生的碳排放等。每年定期的内部报表会把这些事项分类统计出来。金融机构碳排放类型及排放来源如表 2 所示。

表 2 金融机构碳排放类型及排放来源

| 排放类型 | 排放来源举例 |
| --- | --- |
| 直接排放(Scope1) | 自有采暖或制冷设备使用自然资源 |
|  | 自有交通工具燃油 |
| 间接排放(Scope2) | 营业、办公所消耗的电力 |
| 供应链排放(Scope3) | 员工商务出行所乘坐的交通工具 |
|  | 购买办公用品产生的碳排放 |

资料来源:张静文:《汇丰碳中和路径分析及启示》。

金融机构支持体现在两个方面:一是帮助高排放的客户向低碳转型,主要提供资金,加大金融产品的开发力度,发行债券、小微绿色信贷,发展可持续供应链金融,开展相关研究,尝试低碳新技术、新模式;二是探索设立一系列私募基金,为投资者提供多样化的全球自然资本投资主题,包括可持续农业、可持续森林、蓝色经济、生物多样性等,为基础投资人成立专门机构,支持清洁技术创新企业发展。

### 三、保险的行动框架

绿色保险作为绿色金融的组成部分,在加快助推经济社会绿色低碳发展方面能够发挥独特作用。以某保险集团公司为例,其按照中国人民银行、银保监会的要求,依托多年实践,研究提出界定绿色保险的"3-3-7"框架(图2),即三大服务方向、

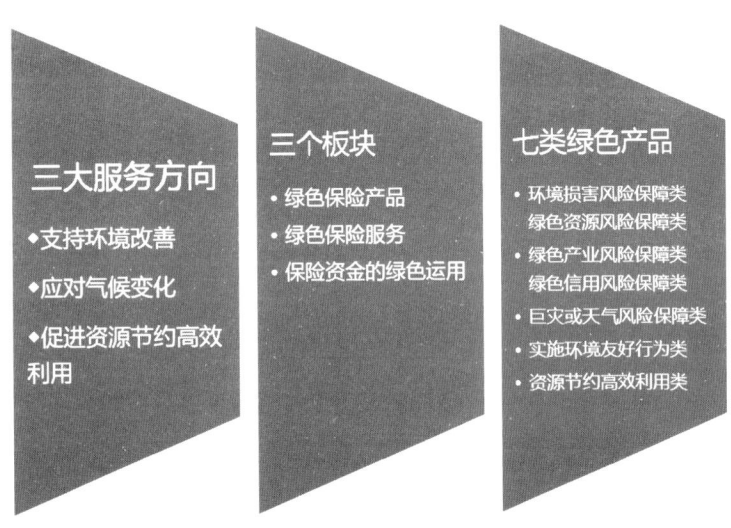

图2 绿色保险的"3-3-7"框架(某保险集团)

资料来源:根据《绿色保险服务新发展格局》一文整理。

三个板块以及七类绿色产品。所谓三大服务方向，即支持环境改善、应对气候变化、促进资源节约高效利用。三个板块，即绿色保险产品、绿色保险服务，以及保险资金的绿色运用方面。绿色产品七大类包括环境损害风险保障类、绿色资源风险保障类、绿色产业风险保障类、绿色信用风险保障类、巨灾或天气风险保障类、实施环境友好行为类、资源节约高效利用类等。

## 四、风险、穿透与披露

2021年11月3日，国际财务报告准则基金会（IFRS基金会）在第26届联合国气候变化大会上宣布成立国际可持续发展准则理事会（ISSB）。作为金融机构CFO，我支持碳减排应当采取的行动建议有三方面：一是在核算碳足迹基础上，制定所在金融机构自身的碳中和目标；二是针对客户端，应当力促客户，帮助和引导低碳转型，支持环保发展；三是在信息披露、ESG报告方面走在社会前列。从上市公司披露的年报来看，金融行业除了常规财务报告，绝大部分已经披露社会责任年度报告，另外，大部分上市公司和国有企业在披露年报的同时，百分之八九十的公司已经有类似的行动。

金融助力低碳的同时，也不要忘了金融的本质还是要管控好风险。因为银行发放的每一笔信贷，保险公司进行的每一笔投资，投入绿色股权或债权，或者发行相关绿色金融产品，同样要遵循"看得清、够得到、管得住"的风险管控原则，对所投项目进行穿透式管理。如果看不清楚底层资产，以绿色之名、以低碳之名用于其他方面，可能就会偏离事情的本质。对此，本人有以下三方面的建议：

（1）作为金融机构，应当在治理层面建立支持低碳减排的绿色行动机制，比如上市公司把这种机制写进章程，以彰显公司治理层面的重视。在战略资产配置（SAA）上，将绿色资产的配置策略或比例纳入协调负面清单（灰黑名单）。具体来说，对于严重污染的企业，金融机构是要将其列入负面清单严禁投资的，但对于这些企业为节能减排、污染治理等设立的融资项目，则应在项目独立、风险可控的情况下予以支持和帮助。

（2）报告和披露。现行的 ESG 披露和报告规则中，只对上市公司才有高能耗或者高排污的强制披露要求，对其他类型的公司只是建议要求。北京证监局课题组对在京上市公司做了调研，基本上符合独立披露要求的不到 40%，大部分是央企、国企，从行业角度来说，金融、交通这些大的行业履行独立披露义务。上市公司仅有四千多家，而大量非上市公司则没有建立独立披露机制，这对金融机构的绿色投资增加了较大的不确定因素。

（3）评估机制。这里引入一个概念"绿色溢价"，即可实现碳中和的新产品与仍产生碳排放的原有产品之间的价格差。公司投入的低碳减排项目产生正效能,才有意义;如果资金投进去,最终的绿色溢价为负,那是没有意义的。

**五、碳中和目标下绿色金融体系构建**

如前文所述,在碳中和目标下,ESG 作为一种新兴理念正在被越来越多的机构所接受,正在成为一种共识。金融行业以及资本市场的参与者所构建的绿色金融体系正在形成,如图 3 所示。

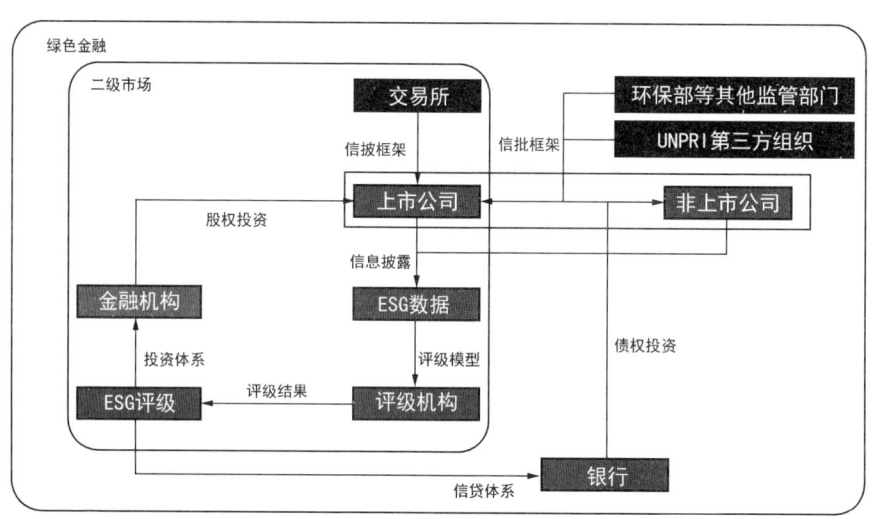

**图 3　低碳目标下绿色金融体系**

资料来源:申万宏源研究。

在该体系下,资本市场的参与主体包括上市公司、投资机构、交易所,以及评级机构。交易所负责制定上市规则、交易规则和信息披露框架,指导上市公司进行 ESG 相关信息披露事宜;评级机构构建评级模型,收集、处理和分析数据,得出上市公司的 ESG 评级；投资机构基于独立第三方评级情况，将 ESG 信息纳入已有投资策略予以考虑；对 ESG 表现好的上市公司给予更高的 ESG 评分，从而使其获得更多的金融资源倾斜，助其更好地发展。

同时，在该体系导向下，更多的非上市公司为了低碳减排目标而参与其中，非上市公司的 ESG 信息披露要求也水涨船高。尤其在环保方面，环境保护部门给予的指导或要求，对其生产经营产生一定的影响；银行的放贷、保险或投资机构的股权或债券投资，对 ESG 信息的重视程度也越来越高，符合 ESG 理念的行业、公司，其信贷融资的优势在可以预见的未来越来越显著。

## 六、小结

变暖的气候，这头人类社会所面临的体格最大的灰犀牛，正在向我们走来。人类是能提前预知未来事件的动物，这是一种祝福，也是一种诅咒。我们如果能及时采取行动，就能降低灾害；如果视而不见，则后果可想而知。很多时候，我们都能看到危机正向我们走来：气候变化、恐怖主义、经济危机……但是，当灰犀牛真正到来的时候，我们却发现各国还在争论吵闹之中，这到底是为什么？值得我们进一步探究和思考。

上海国家会计学院正高级会计师　方国兵

# 三

# 当好电网"碳管家",做服务"双碳"的"先行者、推动者、引领者"

## 一、电网"碳管家"的基本情况

国网英大碳资产公司(以下简称"公司")最早成立于2013年12月,隶属于国网公司下属金融版块,系上市公司国网英大股份的全资子公司,也是国网公司旗下唯一专业从事碳资产管理的公司。多年来,公司主要从事碳排放盘查、碳资产开发、碳能力培训、碳交易撮合、碳金融、ESG及环境信息披露等工作,拥有一支专业、资深的碳服务保障团队,持有全国约1/10的CCER(国家核证自愿减排量)资产存量。2021年以来,公司依托国家电网的股东背景和英大集团的金融资源支持,紧紧围绕国网公司服务"双碳"的战略部署,牢牢把握电网在新型电力系统构建、能源互联网转型中的核心枢纽作用，以碳为切入点，发挥电网数据要素的撬动作用，发现绿色企业、挖掘减排项目，为绿色技术转化、绿色金融发展提供商机，实现"以碳聚融、以碳促产、创造价值"的平台式发展，力争成为能源互联网领域最具影响力的碳资产管理综合服务提供商，以"人民电业为人民"的使命担当，成为政府与客户信赖的电网"碳管家"，全力支撑各级电网企业当好服务"双碳"的"引领者、推动者、先行者"。

## 二、电网"碳管家"的行业背景

习近平总书记在中央财经委第九次会议上指出，要加快构建以新能源为主体的新型电力系统，这为我国能源电力行业的转型指明了发展方向，提供了根本导向。国家电网公司在我国能源电力行业中承担着重要的枢纽作用，2021年3月，公司作为首家央企，率先发布"碳达峰、碳中和"行动方案，并制定实施6方面、18条具体措施，主要任务就是要支持能源生产侧的清洁能源替代、能源消费侧的电能替代、能效提升，以及以数字化、智能化为特征的能源互联网自身的技术革命。

"双碳"目标的实现需要从能源革命开始，而能源革命又将从电力起步，在2021年10月下旬颁布的《2030年国家碳达峰行动方案》中，能源转型低碳行动作为国家十大行动之首，再次对加快构建以新能源为主体的新型电力系统提出了明确要求，在同年的中央经济工作会议上，习近平总书记指出，新能源的转型要建立在对传统能源安全、可靠替代的基础之上，由此再次凸显加快新型电力系统建设的重要意义。基于电网加速向能源互联网转型的这个行业背景，如何当好"碳管家"，做好碳服务，要求我们必须紧扣行业特色，站在能源发展"四个革命、一个合作"的大格局下，去思考服务"双碳"的实施路径。就能源生产侧来说，将会形成以新能源为主体的电源结构，新能源不仅是装机规模要超过50%，最终的上网电量也要超过50%，以风光为主体的新能源不确定性大、随机性强的特点，将对能源生产侧本身造成深刻影响；就能源消费侧而言，未来将会形成一个源网荷储、多元互动、以电为中心的综合能源服务体系，电能在终端消费环节的比重会越来越高，通俗来说，就是会有越来越多原来使用传统煤油气能源的生产场景转变为使用电力，这方面由于消费客体的众多、消费习惯的不同，其影响意义也将十分深刻；来自供给和需求两侧的重大变化，必将对电网传输环节带来更为深刻的变化，高弹性、数字化、智能化将成为未来电网的主要特征。可以预见，今后的电网可能将不再是单一承担传输职能，而会成为一张聪明的电网、智慧的电网，成为一张会计算、会预测的电网，不仅能知道风光从哪里来，什么时候来，还能预测电动车等用电端的需求大致什么时候出现，又怎样去协调各类分布式电源、储能设施，动态柔性地去满足用电负荷端的平衡。

## 三、电网"碳管家"的行动路径

作为身处能源行业、电网版块、金融背景的专业碳资产公司，我们必须立足于行业特色、股东背景，用活电网链接上下游产业的数据资源优势，用足作为电工装备产业链链主的渠道资源优势，用好多年积淀的政企合作优势，找到适合于电网"碳管家"自身的独特发展路径，归根到底就是要把握电网在新型电力系统构建、能源互联网转型中的核心枢纽作用，坚持"以碳聚融、以碳促产、创造价值"的发展宗旨，立足于电网主业转型的确定性机会和内循环机遇，服务好产业链升级的巨大空间和外循环潜力。概括起来，主要是有三个方向：

一是坚持聚焦主业，支撑电网当好节能降碳的先行者。发挥专业优势，为电网公司提供一揽子碳管理综合服务，为各级电网企业构建碳体系、培育碳能力、摸清碳家底、盘点碳潜力，并结合新型电力系统构建充分量化降碳贡献；抓住输配电领域数字化、智能化契机，加大新型电力系统改造、能源互联网转型相关技术的减排开发力度，并协助开发碳资产；深化全国电—碳市场联动等政策研究，促进两个市场的相互协同与融合发展。

二是做好双向发力，服务电网当好产业链降碳的推动者。在电工装备供应侧，通过开展供应商绿色评级认证等方式，推动绿色供应链建设，为供应商提供一揽子碳资产管理服务解决方案；在电源装备供应侧，为地方发电企业、新能源企业提供碳资产服务，结合集中、分布式清洁能源规模化发展的特点，加大减排方法论研究与实体开发；在能源消费侧，用好电量大数据，融入碳排放模型开展预测分析，汇聚政府、企业共同绘制电碳生态地图，支撑政府层面开展达峰—中和监测，为电能替代和能效提升提供碳资产管理综合解决方案。

三是坚持背靠金融，支持国网金融力量当好绿色金融发展的引领者。一方面，结合电网企业的数据、渠道等资源优势，通过构建碳表现评估工具，协助企业构建可信碳账户，积极发掘上下游的减排企业、转型项目，精准对接央行碳减排支持政策，为新型电力系统的构建提供绿色金融支持；另一方面，联动英大集团各金融单位加快研究"碳＋金融"的服务模式，帮助能源产业链企业盘活自有碳排放权资产，撮合金融机构形成三方合作，探索各类碳金融服务形式创新。

## 四、电网"碳管家"的服务保障

就碳管理的实践工作而言，其往往面临不知从何下手的困难，市场参与主体往往会感觉到，摸清碳的情况非常难，算碳很难，观碳很难，管碳也很难，最大的问题还是在于算不清楚，这在某种程度上也影响到了碳交易的活跃性，如果说一年只能算1~2次，这就不太能够支持企业做频繁的交易。如何算？找谁算？算碳成本高不高？算了之后如何看到？这些问题在现实中确实困扰着大家，因为数据能说话，如果数据看不到，那么管碳更是无从着手，伴随的降碳也就更难。我们必须认识到，在习近平总书记提出的"双碳"目标下，其最终目标一定是降碳，而碳交易只是"双碳"背景下的其中一个环节，仅仅通过碳交易是无法达到碳达峰与碳中和的，企业主体一定要通过节能改造、技术降碳走向达峰与中和，而降碳的背后往往对应着金融。因此在算碳、观碳、管碳之后，企业一定会面临怎么办的问题，也就是怎么降碳、去哪里融资、能不能交易的问题。

对此，作为电网"碳管家"，我们通过创新实践和长期积累，不断迭代推出了集"算、观、管、融、易、降"为一体的"碳管家"综合能力服务平台，旨在为各类市场参与主体全面赋能，同时，以开放共享的理念积极引导各类低碳技术、绿色资金加入，助力平台所服务的高碳企业科学有序降碳。

在算碳能力上，平台立足于"碳排家底精算师"的定位，向各类用户提供了四种算法，对应着四个模块，这是做好碳管理的基础和关键，也是电网碳管家基于可信电量为各类主体提供碳服务的核心优势所在。注册企业可以按照国家规定的方法进行科学精算，浏览用户则可以通过"碳查查"这个工具实现秒级快算，基于海量统计年鉴数据并融合实时电量数据，平台可以支撑分地区、分行业的碳排推算，依据企业自身所定义的碳排标准，平台还可开展相应的碳排放测算。

在观碳能力上，平台立足于"成果可视先行者"的定位，推动四种算碳结果的可视化处理，变冰冷的算碳数字为友好的结果呈现，这为"双碳"背景下企业管理层更好地理解与实施决策提供了有力支撑。

在管碳能力上，平台立足于"碳管服务引领者"的定位，以工作台的形式实现"一台观全局"，这是在算碳、观碳基础上的深化应用。平台支持微观企业、集团用户的配额申请、目标控制、资产价值、开发进度、购碳策略、降碳决策等"一站式"碳管理需求，也支持企业的供应链实施碳管理，支持政府开展碳强度、碳总量监测与决策。

在融碳能力上，平台立足于"金融创新实践者"的定位，设置了绿色金融模块，针对不同类型的企业实施绿色金融支持，这也是公司结合集团金融背景，展现金融属性的特征所在。对于具有碳资产的公司，平台通过链接各类金融机构，基于碳资产支持提供碳金融服务；对于没有碳资产的公司，平台聚焦降碳这一主线，基于碳账户、碳积分、碳表现评价，联动金融单位发展"碳 e 融"特色金融服务，旨在帮助更多的企业走向降碳，践行支持金融转型发展的使命。

在易碳能力上，平台立足于"碳电协同推动者"的定位，设置了绿色交易模块，充分结合国网背景与碳资产先发优势，链接碳市场与电力市场两大主体，为企业提供横跨两个市场的跨界交易服务，既支撑碳市场交易撮合，又积极引导企业参与绿电交易。

在降碳能力上，平台立足于"减碳生态开拓者"的定位，始终秉持推动和促进降碳的核心使命与担当，设置了绿色技术模块，以技术货架的方式，呈现具体的包括降碳领域、成本、效率等在内的各类降碳技术，有利于高碳企业结合自身的算碳结果、管碳策略，更科学有效地制定碳达峰、碳中和规划。

国网英大碳资产公司总经理　葛　巍

# 四

# 打造可持续未来中银行应该扮演的角色及对管理会计的几点思考

根据联合国环境规划署的预测,全球必须持续10年每年减少碳排放7.6%,才能将全球升温控制在高于工业化前水平1.5℃内。世界各地政府正在竭尽全力,实现《巴黎协定》所制定的尽快实现碳达峰,并且到2050年实现碳中和或零碳排放的目标。中国也相应设立了"30·60""双碳"目标,彰显了中国履行大国责任和推动经济高质量发展的重要决心。然而全球碳减排的现状以及实现"双碳"目标的紧迫性远远超过我们的认知:全球气候变化大会虽然已经召开26届,但在有统计数据的1925年到2020年的近一百年中,全球碳排放量仅有6年是下降的,最近一次恰好是2020年。2020年,由于全球防疫控制和锐减的经济与日常活动,全球碳排放量下降了超过6%,是自

2006年以来的最低水平。当前，随着各类活动逐渐复苏，全球碳排放量已恢复到新冠肺炎疫情暴发前的水平。

另外，2021年10月发布的季度明晟零碳追踪指数MSCI Net-Zero Tracker研究了全球9 000多家最具投资价值的公司在减少碳排放方面的进展，显示了这些公司对全球变暖的影响。该研究发现作为MSCI All Country World Investable Market Index成分股，其中57％的公司不符合任何全球商定的温度目标，更糟糕的是，该报告发现只有不到10％的公司符合《巴黎协定》中的要求。这也意味着如果上市公司不采取措施，改变当前的排放预期，全球气温将上升3℃。这不禁让我们从另外一个侧面反思，我们应该改变哪些生产、投资和消费方式，来减少对环境的冲击，推动减排和绿色发展，而在这个过程中，银行又能扮演什么角色呢？

"春江水暖鸭先知"，所有行业转型过程中，金融资本往往先行。随着人们对可持续解决方案的需求与日俱增，银行业在推动迈向可持续未来的进程中所扮演的独特角色也日益突出。转型过程中往往蕴含着巨大的商机，根据贝恩咨询公司的研究，到了2030年，东南亚的绿色经济每年可以带来高达1万亿美元的商机。而在中国，2021年4月，中国人民银行易纲行长指出，预计2030年前，中国碳减排需每年投入2.2万亿元，2030—2060年需每年投入3.9万亿元。这其中存在绿色投资资金的巨大缺口，需要银行为再生能源、应对气候变化的科技和过渡到循环经济等方面的项目提供融资支持，通过审慎地进行资金配置和实现回报，为支持实体经济低碳转型提供资金和解决方案。另外，随着可持续发展逐渐成为主流，投资者也在不断寻求专注于ESG的投资项目。据彭博社数据显示，全球每年所发行的绿色和可持续相关的债券，从2018年的将近3 100亿美元，增至2020年的7 300多亿美元，2021年这一规模将超过1万亿美元，占全球债券近1/8的发行量。

这两方面的因素决定了银行作为最重要的金融中介，有责任为自上而下和自下而上的转型搭建桥梁，增进地球人类的福祉。在迈向低碳经济之际，以可持续发展为己任的银行，一方面有责任采纳和推动有利于缓解气候变化的业务实践，协助客户成功转型；而另一方面，在推动经济发展的同时，也应依托其庞大的经济实力，引导投资者和各利益相关方将资金投向更广泛的可持续发展经济领域。

银行衔接投资者自上而下引导企业绿色转型的过程中，也对企业的管理运营以及管理会计的能力提出了新的挑战。

**1. 精细化**

2020年新加坡金融管理局推出全球首个绿色和可持续挂钩贷款津贴计划（Green and sustainability linked loan grant scheme），以鼓励银行制定与可持续相关的融资框架，例如大华银行就通过可持续融资框架为企业提供贷款,这些框架包括智慧城市可持续融资框架、绿色贸易融资框架、绿色房地产可持续融资框架、绿色循环经济框架,框架中所规定的融资申请标准为企业制定各自的可持续发展策略提供了新的要求。2021年11月8日,中国人民银行推出碳减排支持工具。中国人民银行也第一次提出要求"金融机构公开披露发放碳减排贷款的情况,以及贷款带动的碳减排数量等信息,并由第三方专业机构对这些信息进行核实验证,接受社会公众监督"。可以看到,金融机构对于整个社会"双碳"转型的助力,渐渐由原先产业投放的粗放型方式转向绿色项目精准投放。企业对碳减排核算的信息披露和统计的颗粒度和多维度进一步提升。对企业碳核算的要求已经不限于总量上碳消耗或者减排多少的概念,碳计算必须纳入企业经营全流程、全链条的过程。来自各利益相关方比如政府、投资人、客户等越来越关注更清晰、颗粒度更高的标准化信息,对于碳数据的要求和披露提出了新的更高的要求,从而影响各利益相关方对企业发展可持续性的判断,并最后决定企业的价值。

### 2. 差异化

国际财务报告准则基金会(IFRS Foundation)在举行的第26届联合国气候变化大会上表示,将成立国际可持续性标准理事会ISSB,旨在制定与国际财务报告准则IFRS相协同的可持续发展报告准则，为全球不同区域的投资者提供一致和可比的可持续发展报告，助力全球低碳经济转型和可持续发展目标。然而由于各国各地区经济水平、资源配置和产业结构存在差异，可预见的是国与国之间、区域与区域之间的可持续性标准差异将会继续存在，正如会计准则差异一般。企业应从自身经营策略出发，确定适合自己企业的各利益相关方，这与企业选择在何处上市而适用该国会计及披露准则如出一辙；但不同的是，企业应在经营战略以及相应的管理会计活动中贯彻所适用的可持续性标准，以驱动自身可持续发展转型，而非简单作为会计核算统计披露要求。

**3. 丰富化**

新的可持续发展概念将和低碳可持续发展一起形成更大范围的 ESG（环境、社会、治理）框架。2021 年 9 月 26 日，第二届可持续发展论坛发布了《中国落实 2030 年可持续发展议程进展报告（2021）》。报告全面回顾了 2016 年至 2020 年间，中国落实 2030 年完成 17 个可持续发展目标（17 SDGs）的主要进展，这是中国政府发布的第三份进展报告。2021 年 10 月，习近平总书记在《生物多样性公约》第 15 次缔约方大会领导人峰会上发表的主旨讲话，也从另一方面表示了中国政府积极推动联合国 17 项可持续发展目标在中国落地和实现的坚定决心。这 17 项可持续发展的倡议，不仅包括应对气候变化、可回收经济等低碳转型倡议，更扩展到生物多样性、实现教育平等、解决贫困饥饿等。可预见的是，新的金融产品如可持续挂钩融资（Sustainability linked loan）等也将逐渐登台国内市场以推动助力企业转型。可持续挂钩贷款将借款成本与企业可持续性绩效目标直接挂钩，如果借款人达到挂钩可持续性目标，则有利息折扣，反之则会有利息溢价。金融机构一边吸收关注可持续受益的资本，一边通过可持续挂钩贷款之类的产品传导到企业端，以降低融资成本驱动企业可持续性转型。这样的做法也对企业的管理和会计活动提出了新的要求，也将影响可持续性发展指标最终纳入企业发展战略及平衡计分卡等管理会计工具。

随着各地政府制定并加速执行可持续发展的计划，银行业也必须加紧步伐，助力打造更加可持续的未来。银行不仅要深化与客户和合作伙伴的关系，携手推动变革，作为资金管护者，更应促进自身的可持续增长，同时做好风险管理，以应对潜在的环境和社会影响。这不仅是眼前的重大责任，也是来自未来的召唤。

大华银行中国区首席财务官　朱　轩

# 五 责任、变革、行动

关于管理会计与低碳发展的讨论与思维碰撞精彩纷呈,我脑海中出现频率最高的是三个词,即责任、变革、行动。这三个词或许也是我们要向会计界的同仁们,以及相关行业的朋友们传递的最重要的信息。

毫无疑问,我们所生存的地球正在发生急剧的变化,而导致这个变化重要的原因是人类自身不负责任的行为。由于自身不负责任的行为,所以人类受到了气候变化严厉的惩罚,人们希望扭转这样的变化趋势,希望为自己、为子孙后代留下美丽的生存环境,这就意味着我们需要节能减排,需要推动低碳发展。低碳发展人人有责,这既是来自外部的要求,也是每一个社会主体,包括每一个机构、企业、家庭和个人的自我责任。因为认识到这样的责任,所以我们看到的是全社会几乎都在行动。

对责任认识的深化需要我们深刻反思传统的发展模式。中国特色社会主义发展进入新阶段，必须要践行新发展理念，构建新发展格局。创新、协调、绿色、开放、共享理念的践行意味着我们首先必须要进行理念上的变革，统筹解决好经济发展与环境保护之间的矛盾，积极稳妥地推进"双碳"目标的实现。广大企业必须意识到自身发展所处的环境正在发生重要的变化。低排放甚至零排放逐渐成为某些市场准入的敲门砖，与碳排放相关的新的收益和成本可能在很大程度上改变企业原有的利润等式。低碳发展的要求必将深刻重塑企业生存和发展的环境，深刻重塑企业赖以生存的生态。毫无疑问，到今天还认识不到这样的游戏规则变化的主体，一定是极为短视的。推动理念的创新，意味着要强化碳意识，所有经营管理者，从上到下，可能都需要有很强的碳意识。从长期来看，增强碳意识，对于今天的企业高管来说，可能意味着即使你有万贯家产，事实上却快要破产了，因为你的碳负债太多；也可能你的日子过得紧巴巴，但是你是超级富豪，因为你拥有巨大的没有被开发利用的碳资产。责任认识的深化也需要我们积极推动技术变革。推动低碳发展不可能是一蹴而就的过程，必须要考虑到我国能源结构现状，考虑到经济稳定增长的需要。只有强烈的政治和社会意愿、有利的低碳发展环境、技术的持续进步和各个责任主体的积极行动构成一个有机整体，低碳发展才可能既可望又可及。

责任意识的深化还需要我们推进行为模式的变革。无论是宏观层面的绩效评价还是微观层面的绩效考核，作为行为的指挥棒，都应把低碳发展作为重要的内容，进而引导宏观和微观决策以低碳发展、可持续发展为重要导向。

变革必须体现在行动上。从宏观层面来说，要借助财政、税收、金融、产业政策、科技政策、会计制度等改变游戏规则，构建推动低碳发展的环境条件。从微观层面来说，各类微观主体必须把低碳发展纳入战略使命，并制定低碳发展路线图，成为碳达峰和碳中和目标实现的积极贡献者。

这些讨论也启示我们，要实现低碳发展，会计人必须积极行动。会计人的行动，至少应该包括以下几个方面。第一，要用好会计工具，帮助企业化解由于低碳发展带来的巨大成本和竞争压力。就像宝武的王总在跟大家分享时所提到的那样，在现有能源和技术条件下，相当一部分企业要大幅度减少碳排放的难度是巨大的。减排可能带来沉重的成本压力，导致企业盈利能力下降。用好包括管理会计在内的各种工具，帮助企业实现更精细化的管理，实现资源更有效的利用，尽可能对冲减排带来的压力是十分重要的。第二，会计界推动低碳发展的积极行动，健全碳相关的会计制度和碳交易、碳金融等环境，构建全社会鼓励低碳发展的生态体系。从某种意义上来说，会计制度明确相关规范，客观上会激励或者抑制特定商业行为，从而也发挥了引导社会资源配置的作用。对于碳资产、碳负债到底应该怎么计量、怎么确认、怎么披露，是否应该引入毛总跟大家分享时提到的第五张报表，这些都应该是会计理论界、实务界可以思考的问题。第三，会计的行动还包括怎么运用管理会计，把节能减排纳入整个企业战略管理、日常经营管理的场景，实现管理会计工具和低碳发展的有机融合，用管理会计工具帮助我们更好地做好和碳相关的企业经营决策，更合理地进行投资和融资。金融机构创设了很多绿色金融产品，企业在科学谋划、精打细算降低碳负债、增加碳收益的同时，也要更好地提升在低碳发展时代的战略管理、预算管理、绩效考核等能力。第四，在运用现有管理会计工具推进低碳发展的同时，会计人还需要更进一步，其中十分重要的一个方面就是积极着眼于低碳发展，以推动会计工作以及整个企业经营管理的数字化转型。数字化本身包括运用电子发票和无纸化办公，这就是在减排，更重要的意义则在于有助于精准地对碳排放和碳资产进行计量，对产生碳的活动进行监管。第五，事在人为。我们要充分践行会计人的责任，就必须要有适应低碳发展需要的会计人才，这样的人才对新发展阶段和新发展理念必须有深刻的理解，善于从整体、系统而不是局部和个别视角看问题，除了掌握传统的财务管理技能、数字化技能，还得练就一身"碳功夫"。

推动低碳发展需要实实在在的行动，需要长期而又艰巨的努力，需要社会各界的共同接续奋斗。在努力过程中，我们始终要明白，推动低碳发展并不是在为别人做事，而是在做我们自己应该做也必须做的事，是在为我们自己打造更加美好的未来。低碳发展一定是塑造中国乃至世界未来的重要力量。中国经济已经进入新发展阶段，我们要践行新发展理念，构建新发展格局，实现高质量发展，问题是，对于各行各业的人来说，要怎么很好地认识新发展阶段的特征，怎么扎扎实实地践行新发展理念，更好地构建新发展格局。

立足新发展阶段，会计在贯彻新发展理念和构建新发展格局方面大有可为。我们要用好会计工具，助力构建好新发展格局，使命光荣，任务艰巨！上海国家会计学院愿意和所有合作伙伴一起，和各界专家一起，和所有校友及学员一起，共同推进这一光荣而又艰巨的进程。

上海国家会计学院党委书记、院长　李扣庆

# 后　　记

"万物各得其和以生，各得其养以成"，长期以来，人类主要生产生活方式与自然资源的不和谐，使我们赖以生存的地球生态面临着严峻挑战，造成了一系列严重的社会经济问题。应对这场挑战，需要全社会每一个利益主体的积极参与，需要多措并举和多维度协同，其中，包括管理会计在内的会计体系责无旁贷。有鉴于此，去年年初，我们决定将"管理会计助力低碳发展"作为上海国家会计学院管理会计2021年度论坛的主题。本书则汇集了应邀在论坛上发表演讲的嘉宾们的主要观点，我们希望其能够帮助读者以更加系统的视角看待低碳发展，了解会计制度以及管理会计工具在引导社会资源配置、助力低碳转型发展和管理升级方面的关键作用，同时也能促进更多的从事微观和宏观层面工作的朋友们从会计视角关注低碳发展问题。

在本书行将出版之际，我们要衷心感谢浪潮集团、用友集团、元年科技、远光软件以及多家国际会计协会等合作伙伴对论坛的大力支持，更要感谢所有从百忙之中抽出时间在论坛上分享精彩见解的嘉宾们。在李扣庆教授的主持下，刘凤委教授、宋航教授、赵春光教授、郭永清教授、佟成生教授、李琳副教授、尹成彦主任、傅秋莲副主任、吕晓雷先生以及朱晓云女士和钱毓益女士等参与了论坛议程设计的讨论，他们和付建华女士、李颖女士、于晶晶女士、龚浩莹女士、李刚先生等一起承担了论坛嘉宾的邀请和论坛具体组织工作，宋航教授、吕明晗博士、胡玥博士和王双彦女士、马洁薇女士等参与了专家演讲文字稿的整理，正是因为有各位演讲专家的精彩分享及论坛组织者们的持续努力，本书高效率地出版才成为可能。"众人拾柴火焰高。"在李泓女士等的积极推动下，中国会计视野网站、中国会计报、财务与会计、中国管理会计、管理会计研究、财会通讯、会计之友、新理财等专业媒体多方支持，通过对本次论坛精彩观点的报道，引发了人们对管理会计如何助力低碳发展问题的更多关注。

转瞬之间，从 2013 年开始启动，上海国家会计学院管理会计年度论坛已举办了九届。推动低碳发展善莫大焉，然任重而道远，需要我们锲而不舍地努力。我们将与众多的合作伙伴一起，砥砺前行，不负韶华。借此机会，我们也要向多年来支持上海国家会计学院发展的所有朋友们再次表示最诚挚的感谢！

上海国家会计学院

2022 年 5 月

# 主要参考文献

[1] Gray R, Owen D, Maunders K. Corporate social reporting: Accounting and accountability[M]. Prentice-Hall International,1987.

[2] 涂建明,郭章翠.低碳经济下的管理减排与管理会计[N].中国会计报,2015-11-06.

[3] 王爱国.我的碳会计观[J].会计研究,2012(5):3-9,93.

[4] 朱远东,唐运舒.中国环境会计研究综述——基于环境会计信息编报的视角[J].财会通讯,2019(3):7.

[5] 汪玲.低碳经济下绿色会计发展的机遇和挑战[J].当代机关,2020(8):76-80.

[6] 马艳琳,陈进.企业碳绩效考评框架构建研究——基于平衡计分卡视角[J].金融经济,2013(4):129-131.

[7] 李国辉.人民银行推出碳减排支持工具[N].金融时报,2021-11-09.

[8] 罗喜英.碳管理会计概念框架的权变解读[J].财会月刊,2016(7):108-110.

[9] 王丽.探析我国碳排放权会计的确认、计量与列报——基于我国《碳排放权交易有关会计处理暂行规定》[J].国际商务财会,2020(4):41-47.